北

切斯特 ●

不列颠尼亚

凯尔利昂 ●
泰晤士河
伦蒂尼恩 ●

日耳曼尼亚

大　西　洋

罗诺河

高卢

拉文纳 ●

意大利

■ 罗马

庞

埃特纳
火山 ▲

阿非利加

迦太基 ●

提斯德鲁斯 ●

300 英里

500 千米

罗马帝国约公元 180—200 年的边界

Philip Matyszak

著者简介　**菲利普·马蒂塞克**　牛津大学圣约翰学院罗马史博士，职业作家，兼职古代史讲师。出版过多部与古代希腊罗马相关的著作。

译者简介　**黄宁**　副教授，研究方向为英语语言文学，主持广东省教育厅课题多项，在权威期刊发表学术论文数篇，译有加拿大当代著名作家卡罗尔·希尔兹的短篇小说集《盛装狂欢》。

后浪出版公司

角斗士

黄宁 译

[英]
菲利普·马蒂塞克 著
Philip Matyszak

GLADIATOR

广东旅游出版社
GUANGDONG TRAVEL & TOURISM PRESS

中国·广州

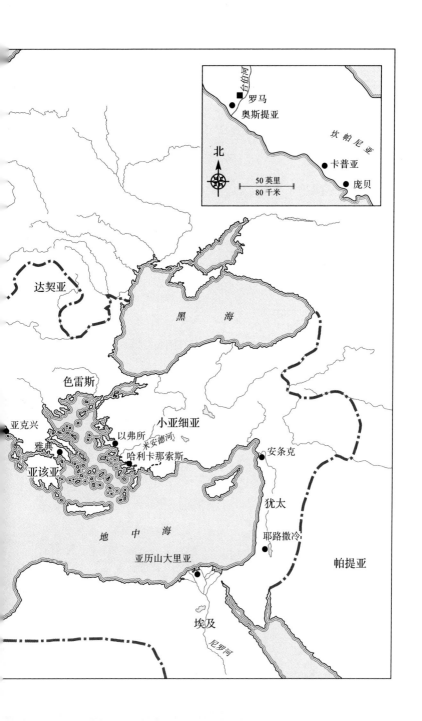

台伯河

罗马
奥斯提亚

坎帕尼亚

卡普亚

庞贝

北

50 英里
80 千米

达契亚

黑　海

色雷斯

小亚细亚

亚克兴

雅典

以弗所
来安德河

哈利卡那索斯

亚该亚

安条克

犹太

地　中　海

耶路撒冷

亚历山大里亚

帕提亚

埃及

尼罗河

目　录

÷ 1 ÷

成为角斗士

如果任何人都可以做到，那么请相信你也可以。

——马可·奥勒留，《沉思录》，第 6 卷，第 19 节

÷ ÷ ÷

欢迎来到角斗士的充满矛盾的奇怪世界。在这里，背负耻辱的人将学会如何带着荣耀生存和死去。在这里，角斗士们的技能被看客们尊敬，但他们自身仍然被鄙视。反过来，许多角斗士对竞技场里的观众不屑一顾，但仍然拼了命——有时是实实在在地拼上自己的性命——取悦他们。这本手册将引领读者看到角斗士们从畏缩地跨过角斗士培训学校门槛的第一步，到通过训练，成

罗马的新皇帝康茂德盛装打扮，准备参加盛会。正如他这身不像皇帝该穿的着装所显示的，他很喜欢大力神赫丘利和暴力格斗运动。

想象你自己戴着这个头盔——是的，你也可以成为罗马的角斗士，在竞技场上奋战！你所需要的只是吃很多苦头、接受大量的训练，以及许多霉运。

为真正的"剑士"（这便是"角斗士"［gladiator］一词的字面含义，"gladius"在拉丁语中意为"剑"）的过程。之后，我们会看到他们掌握神秘的在竞技场上战斗——也许在皇帝本人面前——的技巧，到最后光荣退役，尽管这最后一步对有些人来说可能是多余的。

合适的人能在竞技场上得到财富、名誉和个人救赎，即便是不合适的人，也有机会死得光荣。任何考虑从事角斗生涯的人可能都很清楚，自己也许会碰上更可怕的麻烦。事实上，许多角斗士之所以选择这个职业，恰恰是因为他们认识到，如果自己不当角斗士的话，那些麻烦在不久的将来一定会降临到他们身上。

往好的方面想，现在是成为角斗士最好的时期。几个世纪以来，角斗比赛逐渐变得越来越流行，观众人数越发庞大，热情也越发高涨。公元 180 年，先皇帝马可·奥勒留刚刚去世，整个罗马都知道他的儿子及继任者康茂德对角斗士有着疯狂的热爱（或者可能就是他这个人很疯狂罢了，但这不是重点）。重要的是，角斗即将步入黄金时代，只要具备相应的实力，就可以大红大紫。所以抛开你的疑虑吧，因为名誉和财富正等着你呢！

一份与众不同的职业

成为角斗士的美妙之处在于，你在这个残酷无情的世界不再是孤身一人了。现在不仅有人在乎你的生死存亡，而且还不是一般的在乎，他们经常把大量的金钱押注在这两种结果的其中之一上。

很明显，角斗士是与周围环境格格不入的一群人，是出于某种原因而被社会排斥的弃儿。这些被排除在罗马文明利益之外的

人的生活可能很艰难。因此，尽管竞技场的魅力吸引了一些人去做角斗士，但大多数人都是出于绝望和走投无路才去的。总的来说，角斗士一般都是一些经历过其他职业生涯磨砺的人，他们之前可能是强盗、乞丐、抢劫犯、偷牛贼或失败的职业赌徒。如果政府收紧对社会的控制，那么中途改行成为角斗士对于这些人来说可能是一个千载难逢的机会，尽管从某种意义上说，这是他们唯一可以活命的机会。罗马人不相信这些人能在社会中改过自新，所以成为角斗士往往是他们可能面临的许多糟糕的命运中最好的选择。

✦ ✦ ✦

那些使自己受雇于竞技场的人，用他们的鲜血为自己换来生计。

——塞内卡，《书信集》，第 37 篇

✦ ✦ ✦

如何成为一名角斗士?

做一名失败的（最好是暴力犯罪的）罪犯

法官属于当时社会中的精英阶层，因此，他们很乐意参与角斗这场有利于罗马行政管理的交易。在圆形竞技场举办角斗比赛是许多行省官员的职责，这些官员会十分感激法庭向他们送来犯人作为参赛者。在罗马城，皇帝甚至会亲自举办比赛。皇家级别的赛事比行省级的规模更大、更刺激，所需的角斗士的数量也相应更多。

✝ ✝ ✝

角斗士要么是必死无疑之人，要么就是野蛮残暴之人……

—— 西塞罗，《图斯库路姆论辩》，第 2 卷，第 41 节

✝ ✝ ✝

虽然沦为奴隶去挖矿或被钉死在十字架上都是备选的刑罚，但法官可能会考虑角斗比赛的组织者的构想以及实现相应的比赛效果所需要的人力，再据此做出决定。法官把罪犯投送至竞技场时可以选择以下刑罚：

兽刑（Damnatio ad bestias） 角斗组织者以高价购进了一些大型的食肉猛兽，但他们不会让这些野兽遭受在竞技场上被损伤的风险，而是向观众展示它们把罪犯撕成鲜血淋漓的碎片的场

面。因此，兽刑的判决是一则噩耗。这个罪犯失去了成为角斗士的机会，而是成了一件牺牲品。这些罪犯都是被视为无药可救的人。

剑刑（Damnatio ad gladium） 虽然也是死刑，但比兽刑稍微好一点。这意味着罪犯被判用剑处死，但如果他看上去会舞剑，那么出于娱乐观众的目的，他可能也会被允许拿一把剑。有时被判此刑的人会被要求作为一名角斗士在竞技场上战斗，但按照规定，他必须在一年或两年内死掉。

贬为角斗士（Damnatio ad ludos） 对于合适的人来说，这可能意味着角斗士这一职业在向他招手示意。被流放至竞技场和被判死刑并不是同一回事，如果精力充沛，又有雄心壮志，并且运气非常好的话，结果可能会截然不同。

✛　✛　✛

被判处剑刑者和被贬为角斗士者之间是有区别的，因为前者会立即死亡，或者最多活不过一年。

——莫德斯提努斯，《查士丁尼法典》，第 48 卷，
第 19 篇，第 31 节

对于这位被俘的蛮族战士来说，战争也许已经结束，但是战斗才刚刚开始。在罗马的戴克里先凯旋门的浅浮雕中，这名战俘被一名军团士兵引领着，走向他的"新生活"。

✝ ✝ ✝

你是一名肮脏的角斗士，在谋杀了你的主人之后，侥幸从囚笼逃到了竞技场！

——佩特罗尼乌斯，《爱情神话》，第 9 节中的一句辱骂

✝ ✝ ✝

做一名罗马的手下败将

公元 180 年，罗马帝国及其军队已接近巅峰时期，因此输给罗马人是很正常的。马可·奥勒留于 161 年上台后，在帕提亚和日耳曼的征战均大获成功，同时，他的下属们仍然在非洲、不列颠和黑海周围进行着规模较小的战斗。所有这些战役都为罗马人带回了成群的战俘，其中许多人已经接受过武器训练，因此自然是送上竞技场再合适不过的人选。事实上，有好几种类型的角斗士就是以某些被罗马人俘获并成为角斗士后，仍然以自己部落的作战方式在竞技场上角斗的蛮族武士命名的。

✝ ✝ ✝

敌军投降后，阿基利乌斯下令不立即处决他们，而是把他们带到罗马，让他们在那里战斗……

——卡西乌斯·狄奥，《历史》，第 36 卷，第 10 章

（这里描写的是公元前 100 年西西里叛军的命运）

✝ ✝ ✝

7

这场盛大表演的这个环节消耗了大量的不列颠战俘……

——卡西乌斯·狄奥，《历史》，第 60 卷，第 30 章

做一个无礼且不听话的奴隶

此处提到的许多奴隶曾经都是战俘，他们很快便发现自己的天性不允许自己曲意逢迎。侵袭主人的行为所受到的惩罚也许不至于让一名桀骜不驯的奴隶被投送至竞技场，但他整体的暴力倾向可能就已经是一个足够的理由了。请注意，将奴隶出售给致命的竞技场表演必须经过法庭的同意。将其卖掉，令其成为一名角斗士也是如此。

［皇帝哈德良］禁止主人在不提供充分理由的情况下就把男性或女性奴隶卖给妓院或角斗士经营者。

——《罗马帝王纪：哈德良传》，第 18 章

欠　债

有些人会把自己卖掉。在罗马，欠债者得不到丝毫的怜悯。罗马法律的基石《十二铜表法》表明，如果被监禁一段时间后，债务人仍然无力偿还债务，债权人有权从他身上切下 1 磅肉。而在这个

更文明的时代，更有可能的做法是把债务人的资产卖掉以偿还债务，而他本人的肉身也是他的资产之一。有时，当债权人把自己以前的债务人收为奴隶后，就会立刻对其严刑拷问（因为现在他完全有权这么做），以查明后者是否还有其他藏起来的值钱的财物。

以上仅仅是法律所允许的做法，有些债权人则更加无视个人的公民权利。事实上，许多自愿报名加入竞技场的人最初（当他们从殴打中苏醒过来时）都是从那些被雇来找他们强行收债的角斗士身上得到灵感，产生这一想法的。

简而言之，与其等待别人采取暴力手段把你卖掉，不如先自己把自己卖掉。

✝ ✝ ✝

意大利的各个乡镇争相提供最具诱惑力的条件，以吸引堕落的年轻绅士们［在竞技场上］战斗。

——塔西佗，《历史》，第 2 卷，第 62 章

✝ ✝ ✝

寻求社会性死亡

✝ ✝ ✝

他的举止无不粗俗、恶劣、残暴，毋宁说就是一个典型的角斗士。

——《罗马帝王纪：康茂德传》，第 13 章，第 3 节

✝ ✝ ✝

自愿成为角斗士的人被称为"奥克托拉图斯"（auctoratus），因为他们就是自己不幸命运的始作俑者（author）。角斗比赛的扭曲的魅力有时会吸引一些体面的年轻男性，甚至偶尔还会吸引体面的女性，产生参与竞技场战斗的想法。无论出于什么原因，一位女士在公共场合抛头露面都是令人震惊和不可接受的，因此这位年轻女性的愿望肯定会落空。此外，对于男性来说，为了牟利（quaestus causa），即为了钱而出现在竞技场上和为了展示武艺（virtus causa）而战是有区别的。谁知道呢，连康茂德皇帝可能也会为了展示武艺而出现在竞技场上。他一定是（喜欢角斗喜欢到）疯了才这么干的。

　　为了展示武艺而战的角斗士在社会上会被看不起，但勉强能为世人所接受，尤其是如果他谦逊地选择了佩戴头盔，确保了自己不被人直接认出来的话。然而，纯粹为了金钱而战的人，特别是那些预先进入角斗士学校（参见下文）的人，就都是实实在在的败类了，被称为"因法米斯"（infamis）。这类人没有投票权，不能担任公职，甚至不能获得体面的墓地。体面人士不会和这些人有社交关系，因为他们害怕自己也被与其混为一谈。因此，成为角斗士后就再也没有回头路了，这也是一些叛逆的儿子为了反抗父母或挑衅旧情人而选择成为角斗士的原因，但他们往往会悔恨终生。

✛　✛　✛

　　他既不是罪犯，也不是因遭受不幸而被迫加入的竞技场。先生们，他是为了展示自己的武艺而成了一名角斗士。

——昆体良，《雄辩术》，第 16 篇

✝ ✝ ✝

尽管对于希腊人来说，登上舞台于公众面前抛头露面并不可耻，但在我们［罗马人］看来，这是令人声名狼藉且可耻的——与光荣高尚截然相反。

——科尔奈利乌斯·奈波斯，《名人传》，前言，第 5 节

✝ ✝ ✝

出身贫贱

并不是每一个成为角斗士的人都有需要捍卫的社会地位。那些体格健壮、梦想发财的乡下男孩在来到罗马后，一下子就把目标降低到了谋生。然后，他们会发现，就连谋生这一目标也只能在妓院或竞技场上实现，于是一些人选择了后者。

还有一些退伍士兵，在女人身上或者在战车竞赛的赌注中把自己的军饷积蓄挥霍一空。如果不想在军团再服役 25 年，那么角斗士学校所提供的相对短期的合约对于这些除了战斗没有别的技能的男性来说可能是一个不错的选择。这对于被军队开除的士兵而言更是如此，因为他们已经是因法米斯了。

成为一名有武功的女性或侏儒

组织角斗比赛的人总是在为他们的盛会寻找新的元素。圆形

竞技场的观众们已经看够了死亡的景象，渴望新鲜事物，并且会赏识这些新奇的表演。因此，在这个政治不正确的时代，侏儒在竞技场上很受追捧。与此同时，那些剑术精湛的奇女子，尤其那些对这个"工作"机会的性质没有深入了解的女性会认为，角斗士学校是一个热情欢迎她们且性别平等的环境。

找到一所角斗士学校（ludus）

自由职业的角斗士是存在的，但这些人都是声名显赫的大人物，只有足够吸引人的条件才能说服他们复出露上一手。这些诱惑通常包括令年轻的角斗士难以置信和嫉妒到窒息的大量黄金，有时也是出于一些人脉颇广的人物的施压。例如，当提比略皇帝希望某些著名角斗士能在为纪念其祖父而举办的大型比赛中亮相时，他所开出的让他们出山的条件是，每名角斗士可以获得 10 万

提比略喜欢举办角斗表演，但当波伦提亚的人民要求也为他们举办一场时，他却惩罚了他们。他还立法限制了单场表演中角斗士的数量。

塞斯特提乌斯的报酬，足够一个贫穷的家庭花几百年了。

✝ ✝ ✝

他年轻气盛，脾气暴戾，且有能力在军队中服役。但传言说，他将不受保民官的制裁或禁令，把自己卖给一个残暴的角斗士经营者，并宣誓成为一名角斗士。

——尤维纳利斯，《讽刺集》，第 11 篇，第 6 至 8 行

✝ ✝ ✝

已经开始了角斗士生涯的人绝对没有这样的选择自由。一名奥克托拉图斯在进入角斗士学校时可能有机会协商他的基本薪金，但是那些被法庭判了刑送来的人就没有这种特权了。而且，尽管奥克托拉图斯的饮食、住宿、训练和时不时所需的医疗费都不用自己支付，但他们的境况也并不会比那些被强行送来成为角斗士的同行好多少，而后者占据了大多数角斗士学校人数的一半以上。

尽管如此，选择角斗士学校时还是应该非常慎重。（要知道，即便一些颇具规模的城镇也不一定有角斗士学校，因此，想成为角斗士的人可能得经过一番游历才能找到一所符合自己需求的角斗士学校。）当然，所有这类学校都在帝国政府的角斗士学校监察官的监督之下，原因很明显，任何理智的政府都希望对大量人员使用致命武器训练的活动加以管控。佩特罗尼乌斯的《爱情神话》

13

中就提到了一位富可敌国的地主，他手下有数量足以"把迦太基洗劫一空"的角斗士。实际上，一些规模较大的角斗士学校哪怕没有成千上万，也有数以百计的注册角斗士。

除了帝国的监督，不同类型和性质的角斗士学校的生活质量和死亡率存在很大的差异。以下是一些选择：

皇家学校

在罗马共和国末期，尤利乌斯·恺撒是第一个意识到可以通过开办自己的角斗士学校，而省下一大笔钱的人，因为这样他就不需要每次都花钱雇角斗士了。其他人纷纷效仿，因为拥有角斗士能赢得人们的尊敬，而"拉尼斯塔"（lanista）即角斗士经理却是一项万分可耻的职业。因此，西塞罗称赞他的朋友阿提库斯，说他收购了一所颇具声望的角斗士学校，只要它的角斗士们集体

恺撒向来懂得如何实现成功的表演。他开办自己的角斗士学校既有实用意义，又取悦了群众。恺撒手下的武装人员的巨大数量令罗马元老院忧心忡忡，他们因此通过立法限制了单次公开展示的角斗士人数。

角斗士的工作场地。圆形竞技场（位于内毛苏斯，今尼姆）中的椭圆形场地让观众得以近距离观看表演。一名角斗士一年只登场三四次，其余的时间都在接受密集的训练。圆形竞技场上没有藏身之处，失败的代价是很高昂的。

受雇一两次，就够他回本了。恺撒的继任者，奥古斯都所继承的遗产中的一部分就是几千名角斗士。这些角斗士学校现在从坎帕尼亚搬到了罗马，成了皇室财产的一部分。

优点：	缺点：
1. 皇家学校是最好的角斗士学校。	1. 对手一般是同一所角斗士学校的其他学员，而他们也都接受过和你一样良好的训练。
2. 拥有医术最高明的医生，能够救治幸存的失败者。	
3. 训练师技艺超群。	2. 皇帝能够承受很高的角斗士损失率。
4. 可以住在罗马。	
5. 有机会于罗马圆形大竞技场上在皇帝面前亮相。	3. 圆形竞技场的观众更难取悦，并且渴望看到血腥的场面。
6. 有机会得到高报酬。	

行省学校

虽然并不是每座圆形竞技场都有自己的角斗士学校，但罗马帝国的每个主要城市都有一座圆形竞技场。没有人统计过它们的总数，但是大约有200座的面积足够可观，即便是顶尖的角斗士也不会为在那里登场感到丢人。不过，在这个行业里，当地的名声是很重要的，所以没有几个顶级角斗士愿意去不是自己的主场的竞技场战斗。行省学校的归属和声誉可能各不相同，但赞助表演的主要承包人通常都是皇室宗教的祭司，他们会代表皇帝精心安排表演。一些有政治野心的当地显贵也可能试图以这种非常传统的方式来拉选票，但有大量角斗士参加的比赛需要获得帝国官员的许可。

一些城市可能有自己的市级角斗士学校，其他角斗士学校则为私人所有。后者通常是由当地的贵族与退役的角斗士合办的，但是这位贵族与他的合伙人不会交往过密，因为退役的角斗士仍然是角斗士和因法米斯。

优点：	缺点：
1. 学校规模更小，更有利于了解对手的弱点。	1. 学校规模更小，更有利于对手了解你的弱点。
2. 更容易建立粉丝基础。	2. 大富大贵、成为名流的机会较少。
3. 在竞技场上丧命的可能性较低。	3. 医生医术低劣。

巡回表演

这种不起眼的团队通常由几名退伍士兵和一两名金盆洗手的匪徒组成，游荡在一个又一个市场间，进行"展示性"表演，因为这种团队内部关系紧密，所以在角斗中牺牲一名成员既会是经济上的损失，也会是个人情感上的损失。因此，他们的打斗往往是经过精心编排的，比起竞技场上的搏杀，更像是剧院里的表演。他们会受到"真正的"角斗士的尖酸嘲讽，或者至少是怜悯的资助。

✠　✠　✠

[奴隶] 亚细亚提库斯十分无礼，且偷盗成性，以至于维特利乌斯把他卖给了一位巡回角斗表演的拉尼斯塔。

——苏埃托尼乌斯，《维特利乌斯传》，第 12 章

✠　✠　✠

优点：

1. 对于没有天赋的人来说，比做盗匪或当演员稍微好一些。

2. 能够看到角斗士学校之外的世界。

3. 运气好的话，向你扔来的菜叶子可能是新鲜的，能顺便解决吃饭问题。

4. 可能不会在竞技场的沙地上丧命——主要是因为你的竞技场穷得买不起沙子。

缺点：

1. 位于社会底层的失落感。

2. 出行的意外风险。

3. 总是与同一小撮人合作的幽闭感。

4. 穷。

能够考虑在上述选项中选择哪个的人，一般来说肯定是一个自由人——至少就目前而言。签约意味着放弃自由，所以在这之前最好先做一些调查。首先，角斗士学校并不是来者不拒，这也许有点出人意料。每一所角斗士学校都需要维护自己的声誉，把能力低下的角斗士送上竞技场则是最快的葬送自身声誉的方式，同时还会毁掉学校里每个人的生计。如果大家都相信了以下这样的批评，那么这所学校可能就离关门不远了：

✝ ✝ ✝

仔细想想，他为我们做过什么？他让我们看了一场半吊子角斗士的表演！他们是如此弱不禁风，你一口气就能把他们吹趴在地上……你可能以为他们是土公鸡——其中一个是独腿的，另一个是罗圈腿，第三个是来代替一个死人上场的，他自己就是一个累赘，因为他在战斗开始之前就已经残废了。唯一一个在竞技场上努力过的是一个色雷斯人，但他也只在我们强迫他的时候才会参加打斗。最后，他们都挨了一顿结结实实的鞭子。事实上，人群对他们每一个人都报以嘘声，他们是公然逃跑的 [奴隶]。

——佩特罗尼乌斯，《爱情神话》，第 45 节

✝ ✝ ✝

每个角斗士都是一件价格不扉的财产，在历经数周甚至数月的艰苦训练后，尽职的拉尼斯塔才会考虑是否让他参加竞技场的

一名见习选手参加角斗士试演，使用的是被遗弃的装备。他下半身的姿势很好，但上半身的姿势过于偏向防守了。训练可以弥补技术上的缺陷，但胆怯是一个致命的弱点。

表演。这一过程要花费相当可观的一笔钱，所以在一名会给比赛的主赞助者带来更多耻辱而非荣誉的选手身上花这些功夫是没有多少意义的。因此，选择一所可能接受你的学校，然后：

· 获得当地治安官的许可。国家需要确保任何一个签约成为角斗士的自由人都是自愿的，而且他的体格要足够健壮，至少能有希望在竞技场上活下来。

· 仔细核查未来学校的声望。如果一所学校什么都不问就来者不拒地接纳新的角斗士，那么有问题的就是这所学校了。它的人员流动率可能非常高，这从新手的角度来看可不是什么好消息。

· 观察角斗士们在学校外面的行为。他们是否看起来受到过残酷的对待和恐吓？（如果角斗士们在学校里是被囚禁的，那么他们不是死刑犯，就是被当成死刑犯一样对待。这样的学校不要去。）

· 获取内部信息。角斗士一般不会拒绝别人请他们喝酒，所以在去学校参加正式的面试之前，可以先尝试在酒馆这个中立场地中找个角斗士聊聊。

· 最重要的是，尽量去看一看备选学校的角斗士们在竞技场上的表现，留意战败者的待遇和胜利者的奖赏分量。（角斗表演鲜少举行，所以急于通过成为角斗士偿还债务的人可能就没有时间上的奢侈进行这一步了。）

签约和宣誓

只有当学校和候选人都确认彼此适合时，未来的角斗士才会正式面见负责的拉尼斯塔。经过评估（可能包括一场在训练场上的短暂试赛）后，他就能知道自己是被拒绝还是被录用了。

一名奥克托拉图斯的录用通知可能包括一笔用于购买他的身体的钱，因为毫无疑问，加入角斗士学校，就意味着把自己的身体和灵魂都卖给了该学校。

庞贝古城的一处雕带所展示的训练中的角斗士。签约加入角斗士学校的人都应该做好被粗暴对待的准备。角斗士们的训练很艰苦，比赛打斗时也很粗暴。当你踏进角斗士学校的大门后，就会经受欺凌和一系列野蛮的入行"欢迎仪式"。

协商时要争取的关键的几项是 4000 塞斯特提乌斯的报酬和 4 到 5 年的合约期限。前者是如果你在竞技场上丧命的话，你本人所值的最低法定金额。奥克托拉图斯在签约时通常会直接收到 2000 塞斯特提乌斯。如果没有这一估价的话，新招募的角斗士最终可能会成为一名"格勒加里乌斯"（gregarius），即团体战斗的角斗士中的一员，他们会战斗到自己的或对手的团队被歼灭，或者在一场观众十分喜爱，但对角斗士们来说却是致命的盛大比赛中被杀死。新角斗士不太可能与学校协商自己每年登上竞技场的次数。即便他是以自由人的身份加入的，一旦他宣誓成为角斗士，就成了拉尼斯塔的人肉财产，可以任由后者处置，这是没有例外或其他条件的。合约期限也很关键，因为任何活过四五年的角斗士通常都会结束合同被放走。

就像自由人出身的角斗士卖掉自由一样，我们虔诚地把灵魂和身体奉献给了我们的新主人。

——佩特罗尼乌斯，《爱情神话》，第 117 节

+ + +

在你决定接受角斗士学校为你提供的席位之前，一定要三思而后行。接受仪式包括宣誓，内容就是臭名昭著的"角斗士誓词"（sacramentum gladiatorum）。即使那些被判了刑、注定要魂断竞

技场的角斗士也要宣读这份誓词。在宣誓时，他们不提法庭的判决，而是说成自己"自愿地"接受了这种命运。对于死刑犯来说，角斗士的誓言为他们提供了一种救赎，让他们能够光荣地牺牲在剑下，而不是被可耻地处决。同样，宣誓后的自由人也仅剩下名义上的自由（且成了一名因法米斯），因为他已经把自己的人生交给了别人支配，自愿落入了比那些被判有罪的可怜虫好不了多少的境地，与他们一起共同训练和战斗。

宣誓时，奥克托拉图斯和死刑犯人都在证人面前宣布，他们将自己的身体交给新主人，"在他们的主人的令下被焚烧、鞭笞、殴打或死于刀剑下"。一旦宣誓完毕，你就正式成为了角斗士学校的一员，一名新手角斗士。虽然这是最低级别的头衔，但也是一名正式的角斗士了。

绝对不会有人因此而恭喜你。

角斗笔记

找人送上竞技场并不难。在公元69—70年的犹太战役中，提图斯带走了9.7万名囚犯，其中许多人在竞技场上丧命。有的被直接处决，有的死于角斗比赛。

✛

很少有人在圆形竞技场上被钉死在十字架上，因为这个过程耗时太长，所以娱乐性不高。

✛

有一次，卡利古拉病了，有人立下誓言：如果皇帝康复，他就上竞技场战斗。卡利古拉病愈后，命令此人兑现诺言，专心致志地观看了他的剑战。最后这个人赢得了胜利，并可怜巴巴地乞求皇帝把他从他的誓言中解脱出来。

盖乌斯·卡利古拉，他偶尔会因为角斗士比他更受大众欢迎而苦恼不已。

✛

罗马贵族格拉古家族的一名成员以网斗士的身份上了竞技场，现场所有人都看见了他的脸。更糟糕的是，他表现得怯懦无比，令自己永远背负上了耻辱的骂名。

✛

关于处于罗马社会最底层的是角斗士还是演员这一问题存在一些争议，但据演说家卡尔普尼乌斯·弗拉库斯所说，"没有人比角斗士的地位更低"。

✛

计划举办一场规模宏大的角斗表演的主办人在估算成本时，可以向法庭申请一批死刑犯参加各项活动。

✛

违背角斗士誓言的人会变成"萨克尔"（sacer），或者被立即处决，以安抚被违背誓言者所冒犯的神。

✛

"竞技场"（arena）一词来源于拉丁语中"沙子"（harena）一词，因为战斗区域的地面是被沙子覆盖的。

✛ 2 ✛

缘何至此

重要的是你活下去，而不是活多久。

——塞内卡，《书信集》，第 101 篇，第 15 节

✛ ✛ ✛

我们必须承认，让任何有良知的人享受看人互相打斗杀戮的场景，以此作为娱乐，都是需要一些相当灵活的道德转变的。罗马共和国早期严厉的老祖先们丝毫不抗拒些许的虐待和流血，但他们几乎从来都只出于必要而杀人，并不会把这当成一项运动。在罗马人征战意大利、对抗汉尼拔的那几百年里，角斗比赛鲜少举行。希腊人一开始对角斗这一概念感到挺震惊的，但他们最近也开始积极兴建自己的圆形露天竞技场了。

成千上万的角斗士接受训练，其中每年有数千人死在竞技场上，而这些竞技场就是专门为此而建的。我们到底是怎么来到现在这一境地的呢？这个问题有时会在宴席上被讨论，正如下面所引用的阿特纳奥斯的著作《智者之宴》所示。

都怪伊特鲁里亚人

伊特鲁里亚人这个民族如今已经消失了，他们完全被吸收进了罗马社会，甚至连他们的语言也灭绝了。但对角斗比赛这一"运动"感到不适的人仍然可以将其怪罪到这个神秘的民族头上。

✝ ✝ ✝

罗马人在角斗士比赛中展示了……一种从伊特鲁里亚人那里借用来的习俗。

—— 阿特纳奥斯，《智者之宴》，第 5 卷，第 39 章

✝ ✝ ✝

阿特纳奥斯的观点可以从下列几方面加以佐证：

· 伊特鲁里亚人身上有一种堕落的东方色彩，就像角斗比赛与罗马人自己直截了当、严肃坦率、纪律严明、气概豪迈的形象有点格格不入一样。

· 这个古老的伊特鲁里亚民族有点离奇诡异。即使在今天，罗马的许多宗教惯例和迷信都是从伊特鲁里亚习俗来的。某些角斗士在进入竞技场时，会携带一个护身符，据说它是在某种神秘的伊特鲁里亚仪式中制作出来的，能保护他们免受邪灵的伤害，逢凶化吉，或者是为他们带来好运。

- 罗马角斗士最初是在葬礼上表演角斗并死去，这便是罗马人所拥有的与活人祭祀最相近的习俗了，因此"角斗"这一概念明显是外来的。

- 伊特鲁里亚人在祭奠亡灵时用活人做祭品。罗马的角斗比赛起初就是伟人葬礼的一个环节。因此，罗马人沿袭了伊特鲁里亚的角斗士比赛传统，正如他们采用了伊特鲁里亚战车竞赛的传统一样。

- 在公元前356年，罗马共和国的早期，伊特鲁里亚人向他们的神灵献祭了307名罗马战俘。这件事是真的。所以即便到现在，在竞技场上屠杀战俘在罗马也有着宗教方面的原因。从中我们不难看出罗马的这一做法源自何处。

- 在罗马的角斗比赛中，如果一名角斗士倒下了，可能会受到一个手持铁锤、装扮成冥界的神——迪斯帕特的人的致命一击。这一角色与凯隆十分相似，后者是一个手持铁锤的神，在许多场面血腥的伊特鲁里亚壁画的背景中出现过。

因此，把角斗比赛称为一种伊特鲁里亚人的

凯隆，亡灵向导。这个角色在经过调整后进入了罗马竞技场，用铁锤杀死受了致命伤的角斗士。他是众多竞技场上的牺牲者死前见到的最后一个人，且按照伊特鲁里亚人的说法，也是他们死后看到的第一个人。

传统，且这一传统在某种程度上玷污了罗马人的良知，这种说法是合理的。

也怪坎帕尼亚人

当然，这并不完全是伊特鲁里亚人的责任。一个爱国的罗马人也可以怪罪于坎帕尼亚人。坎帕尼亚是罗马南部的一个地区，坎帕尼亚人所居住的卡普亚和凯尔雷都属于首批败于罗马扩张势力的大城市。该地区长期以来一直被萨莫奈人统治，后者是一个高傲且固执的民族，罗马人花了几个世纪才把他们完全控制住。事实上不久前，在公元前90年，罗马一度似乎真的要落入萨莫奈人的统治。我们有理由说，是坎帕尼亚人给罗马人提供了角斗比赛的灵感，因为：

· 众所周知，早在罗马人产生角斗这个想法之前，就有以娱乐和启发观众为目的的单人决斗在坎帕尼亚的竞技场里上演了。即便到现在，一些非常古老的坎帕尼亚建筑上依然有描绘看似两个人在决斗的壁画，而在这些壁画被创作的年代，这项运动在罗马还不为人知呢。

· 第一批角斗竞技场建于坎帕尼亚，这绝非巧合。而且许多坎帕尼亚城市甚至在罗马设计第一座竞技场之前就已经有

非官方修炼手册 UNOFFICIAL

——送给我最不平凡的朋友

你好啊，我气宇不凡的朋友：

让我看看你最近都在干什么。哈，挤地铁、上班、排队吃饭、熬夜学习……

天啊，这太可笑了！像你这样出色的人，怎么会满足于这样平淡的日常？

诚然，那些精彩传奇已离我们的生活很远了。但是万一，时空隧道某天突然向你打开，选择你成为那个命运注定的主角，而你却毫无准备……

还好我早就料到了这一点！为你准备了这套《非官方修炼手册（速成版）》，但我更建议你设法取得全套。我把藏宝图附在了这封信的最后，跟我保证你不要和任何人分享它。

天啊！我真羡慕你有我这样一个兄弟！

祝福你我的朋友，愿荣耀与光明永伴汝身。

后浪

须谨记,许多人生命短暂,其事迹却亘古长青。

——《国王之镜》

维京

如果你同意父亲说的"好死不如赖活着",想老实在家里种田,那你就不适合做一名维京战士。诺伦女神掌握了你的命数,无论你如何躲避战斗,也不会活得更久一些。不要等着命运找上门来——"你终归会死去,但你获得的荣光却永不消失"。(《高人的箴言》)

这附近的海域将传颂你的传说 ➡️

战士

这是维京国王,他看上去不开心,正在想着怎样让自己麾下的战士保持忠心。率领维京人劫掠英格兰可能是个好办法。

他们是维京狂战士,谁都能看出他们不好惹。他们对伤口的痛苦毫无知觉,渴望战死。很多狂战士最后都成了不法之徒,其中就包括这三位。

かげ ぶんしん の じゅつ
——《火影忍者》

作为一名神秘的忍者, 你将会修习高深的武术和忍术, 你在搜集情报、渗透、破坏方面的能力将无人能及。你会是伪装的大师、欺骗的高手, 长于诅咒, 精于医术, 还能操纵只有少数人知晓的精巧装置。另外虽然没有证据, 但不少人相信他们中的一些可以从虚空召唤出三层楼高的蛤蟆。

你会很熟悉这里的黑夜➡

但你要切记以下几点:

✦ 这个落后的时代没有表, 但你又要确保行动时间准确——你可以像那些大人物一样怀里揣只猫!

✦ 如果要在夜色中接近目标, 你要看着前进的方向, 尽可能张开双臂和双腿, 然后像螃蟹一样缓慢移动。切记, 一定要——慢——!

✦ 别尝试着飞!答应我, 别。

第一要义, 信仰神佛。

——北条早云
《早云寺殿二十一条》

身为武士, 汝将在战场上无所畏惧, 通晓战争与和平之道, 拥有出色的处理政务的能力, 成为其他阶层的表率, 并且为汝的先祖增光。

还是这附近, 不过这次汝会受人尊重一些 ➡

为证明汝之品格可堪武士, 现对汝进行考核:

1　有一名山伏(山中的修道者)对汝下了诅咒, 汝应该:

　甲　也诅咒他

　乙　砍下他的头

2　当汝正在表演茶道的时候, 有一个侍女放屁了, 汝会:

　甲　砍下她的头后继续表演, 神色如佛般镇定, 让人钦佩

　乙　继续表演, 神色如佛般镇定, 让人钦佩。在结束后砍下她的头

得分情况如何?

2 做得好　　0-1:汝要学的还很多

看看这片土地，这里将是你驰骋的舞台 ➡️

加入军团，云游四海，见见有趣的异族人，然后将他们开膛破肚。

没有罗马军团，就没有罗马！我们拥有世界上最先进、最强大的武器和装备！我们的机动性、火力和保护能力也令其他军队望尘莫及！我们还将给你提供指导、就业机会和稳定的收入！宣誓吧，新兵！说你将永远忠于、保卫罗马人民！

罗马士兵

确保你是单身，新兵。话虽如此，但如果你的目的就是逃脱婚姻的枷锁，那么恭喜你，参军就算是单方面宣布离婚了。

恭喜你新兵，从现在起，战友们就是你接下来25年里唯一的家人了。

LEGIONARY

如果你想成为一名海盗, 有人让我劝你再考虑考虑。

诚然, 海洋、财宝和自由哪一个听起来都是十分体面而诱惑的单词。但如果你问街上的路人, 他们只会告诉你, 海盗是恶贯满盈的水手, 他们袭击船只、掠夺城镇, 且毫无疑问地应该被吊死戮尸。

你的旗帜将在这片
海域上令人闻风丧胆 →

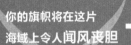

不是我吓你, 你会患上恐怖的坏血病。你会牙齿脱落, 皮肤暗淡, 腿部浮肿, 不停地上厕所。虽然最近几年有人发现柠檬和酸橙可以预防坏血病, 但要我说哪有那么简单。

这个人还强烈要求你扪心自问, 你是
否具备作为一个海盗最重要的品质:

你是一个讲卫生的人吗?

注意:让我转述的人特意要求我加上这个标记, 他说你会知道其中含意的

好了，是时候兑现我的承诺了。相信我，你能办到。

现在走出你的家门，向东走50步转向南，再走20步。要是你能看到一棵有鸟在筑巢的树，那你就是最幸运的人了。

但无论看没看到，你都可以试着用手机扫描一下下面这个叫二维码的东西。

非官方修炼手册 豆列二维码

通往成功的道路不止一条，对吗？角斗士、海盗、骑士、维京战士、忍者、武士、罗马士兵，哪一个不是勇士的道路！

如果一条道路行不通，你还可以试试另一条。

你永远的朋友
后浪

罗马军团眼中的萨莫奈战士，如公元前 4 世纪帕埃斯图姆的一幅墓室壁画所示。

大量的石制竞技场了。

- 被俘的罗马士兵很有可能被迫以角斗士的身份参与了角斗。罗马人也极可能迅速对落到他们手上的萨莫奈俘虏以其人之道还治其人之身。（本着同样的对等原则，在伊特鲁里亚人活祭了 307 名罗马人之后，罗马人也从伊特鲁里亚俘虏中挑选了 368 名出身最高贵的，在广场上对之施以鞭刑并斩首。）

- 正是因为上面所描述的事件，罗马角斗士中最古老的类型叫作"萨莫奈人"。

- 最后——卡普亚在被萨莫奈人占领之前是一座伊特鲁里亚城市。看到这，就不需要再说什么了。

还有谁呢？

赫尔米普斯在他的《立法者》第一卷中说，[希腊的]曼丁尼亚人最初提出了角斗比赛的想法，这是他们的一位公民德蒙阿克斯（Demonax）所给出的主意。

——阿特纳奥斯，《智者之宴》，第 5 卷，第 41 章

（德蒙［Demon，恶魔］阿克斯［ax，斧子］，一个多么适合角斗士的名字呀！）

✚ ✚ ✚

实际上，应该怪罗马人

遗憾的是，对于那些极力证明角斗士是一种败坏了真正的罗马精神的外来影响的人来说（毫无疑问，未来还会有许多人为自己理想中的罗马辩护），上述所有的观点都是很容易被驳倒的。

- 如果罗马人是从伊特鲁里亚人那里继承的这一习俗，那么为什么首次提到角斗只是在公元前 264 年，并被李维描述为一件不常见的事呢？而另一项真正的伊特鲁里亚传统——战车竞赛，从一开始就是罗马文化公开的一部分。

大竞技场的战车竞赛。战车竞赛来自伊特鲁里亚文化,几乎比角斗比赛更受欢迎。

难道角斗比赛在罗马的文化中潜伏了500多年,没被人注意,然后某天就突然盛行起来了吗?

· 罗马角斗士的决斗最初以向亡灵表达敬意为托词,但很快就偏离了这一理念。角斗士的展演不久后就与有抱负的政治家的选举周期产生了更紧密的联系,与被纪念的死者的关系则变弱了。

· 在伊特鲁里亚的活人祭祀中,"祭品"们是被献给某位特定的神,并因此被杀的——至于他们有时会死于角斗,则是祭祀时的偶然事件。罗马的角斗比赛之所以涉及宗教因素,仅仅是因为,在罗马,任何事都有宗教成分,尤其是生命的消逝,尽管角斗士的生命被认为有点算不上人命。

· 决斗的传统至少可以追溯到荷马的时代,至今已有几千年

这一切都是从哪里开始的呢？这幅来自公元前6世纪的战车侧板青铜浅浮雕展示了正在进行单人决斗的两名伊特鲁里亚战士。

了。我们没有理由认为，坎帕尼亚人和萨莫奈人的单人格斗不是决斗，他们的格斗比较像阿特纳奥斯所描述的凯尔特人的决斗：

+ + +

有时候，凯尔特人在他们的娱乐活动中也可能会有单人格斗……如果旁观者不加以阻止，［参与者］会战斗至一方被杀。

——阿特纳奥斯，《智者之宴》，第5卷，第40章

+ + +

更有可能的是，罗马的角斗士格斗最初是一些有权有势的人展示自己权力的方式，以此炫耀他们能够为了消遣而让人在其命令下战斗并死去。尽管一些伊特鲁里亚人的宗教习俗被拿来当作

掩饰这种赤裸裸的权力滥用的遮羞布，但罗马人对于角斗的热衷的源头并不是企图与任何神祇交流，而是罗马人对公开且彻底统治他人的渴望。

事实是，从来没有，也永远不会再有类似于当代角斗士的现象出现了。他们具有鲜明的罗马特色，以至于在他们身上印上"罗马制造"几个大字都不为过。毫无疑问，有几个与罗马角斗士对决有关的方面是来自别的文化的，正如他们模仿并改进了许多其他的东西一样。不论是非功过，就像身披紫色斗篷的皇帝和无懈可击的军团一样，竞技场沙地上的角斗士已经成了罗马帝国永恒的象征之一。

从葬礼艺入到竞技场上的巨星：罗马角斗士小传

公元前 264 年　角斗士登场

史料中记载的第一次角斗发生在罗马。罗马史家李维简短地提到了这一事件：在那一年，"德西穆斯·尤尼乌斯·布鲁图斯首次为人们带来了角斗表演，以纪念他已故的父亲"。

李维实际使用的词是"角斗穆努斯"（munus gladiatorium）。"穆努斯"意为责任，或光荣的使命，而德西穆斯·布鲁图斯用角斗士履行了他的"穆努斯"。我们现在已经无法在历史的迷雾中还原当时的具体情况了，但有可能的情况是，两组或三组死刑犯在老布鲁图斯安息的地点战斗至死。布鲁图斯可能效仿了特洛伊战争中的英雄阿喀琉斯在好友帕特罗克勒斯的坟墓前献祭战俘的做法。

✝ ✝ ✝

最早的角斗比赛是在阿庇乌斯·克劳狄乌斯和马尔库斯·弗尔维乌斯担任执政官期间于屠牛广场 [位于大竞技场和台伯河之间] 举行的。

——瓦来里乌斯·马克西姆斯，第 2 卷，第 4 章，第 7 节

✝ ✝ ✝

公元前 216 年　比赛规格升级

当一位名叫埃米利乌斯·莱皮杜斯的人去世时，他的儿子们为他举办了一场有 22 组角斗士参加的"穆努斯"。从历史传统的线索中我们可以推测出，角斗此时已经成了贵族葬礼的一个常规环节，但在公元前 216 年，埃米利乌斯的儿子们似乎把它的标准抬高了。由于天性好胜，没有哪个罗马贵族愿在使用角斗士的数量上输给别人，以此承认自己的资源比别人差。因此，每次角斗表演的角斗士数量的增加都会抬高之后的标准。公元前 166 年，提图斯·弗拉米尼努斯在他父亲葬礼上的角斗表演中展示了 37 组角斗士。

公元前206年　角斗士不再在葬礼上出现

第二次布匿战争期间，西庇阿·阿非利加努斯为纪念自己在西班牙战死的父亲和叔叔而举办了一次角斗。这场比赛意义非凡，因为西庇阿的父亲和叔叔在5年前就去世了。这标志着，角斗表演与其表面上的祭奠亡者这一传统的关系正在日渐变浅。

公元前166年　角斗表演传到希腊

看到角斗表演在罗马如此受欢迎，希腊化的君主安条克四世也亲自举办了一次角斗。安条克是塞琉古帝国的统治者，他的比赛在叙利亚的安条克市举行，这个城市是以他的家族命名的。希腊大陆也许把这看作塞琉古王朝"变得像蛮族"的又一个可悲的例子。但没过多久，希腊人也开始建造自己的圆形竞技场了。公元前69年，角斗出现在了小亚细亚的希腊城市以弗所（见第48页）。

✝　✝　✝

当这位国王［安条克四世］听说了罗马将军埃米利乌斯·保罗斯在马其顿举行的比赛后，想要办一场比保罗斯的比赛更宏大和慷慨的盛会，于是安排了……240组角斗士进行单人格斗。

——阿特纳奥斯，《智者之宴》，第5卷，第22章

✝　✝　✝

公元前121年　没有门槛的盛事

✛ ✛ ✛

一场角斗表演即将在广场上举行。主持活动的官员在会场周围搭建了棚架，因此就能收费。盖乌斯命令他们把棚架拆掉，以便于穷人免费观看。

——普鲁塔克，《盖乌斯·格拉古传》，第12章，第3节

（官员们没有照做，格拉古就带来了一帮工人，自己把棚架拆除了。）

✛ ✛ ✛

公元前105年　角斗走进主流军队

罗马人此时正在意大利北部殊死对抗一大批蛮族入侵者。执政官鲁提利乌斯·鲁弗斯突然想到找角斗士学校的训练师来训练他的步兵。（这说明，当时已经有许多角斗士学校崛起并开始运营了。）以这种方式训练出的部队实力非常强，以至于在鲁弗斯之后担任执政官的盖乌斯·马利乌斯比起自己麾下接受常规训练的士兵，更中意以角斗士方式训练出的士兵。后来，马利乌斯还谎称，让军团士兵与角斗士一起训练一直是他的主意。

可能最晚从这个时候，罗马军方开始鼓励士兵们定期去观看角斗士的比赛，这不仅是为了让他们欣赏更精妙的剑术，也是为了让他们习惯有人在剑下惨死的画面。

公元前 73 年　斯巴达克斯

公元前 73 年，斯巴达克斯和一群角斗士出逃，后来发展成了一支军队，自南向北在意大利一路劫掠，又再次南下，制造了一场长达两年的暴乱。奴隶起义对于罗马人来说并不陌生。西西里的农场的残酷压榨就引发过大规模的奴隶叛乱，大部分起源于罗马地主不在场的大庄园。这些暴动爆发得比旁边的埃特纳火山还频繁，所带来的后果甚至也更具灾难性。但在角斗士起义的现象出现之前，罗马人至少不需要担心叛军的中坚力量是受过最高水准的徒手格斗训练的斗士。

公元前 65 年　恺撒为活动规模加码

野心勃勃、不受道德约束和经常打破传统的年轻政治家，尤利乌斯·恺撒决定为他的父亲举办葬礼竞技会。虽然比赛和葬礼间隔的时间越来越久，但这一次，人们依然为之感到震惊。尽管恺撒的父亲已经去世 20 年了，但现在担任营造官的恺撒想争取更高级别的政治职位，因此，他举办的这场竞技会就是在公然争取民众的支持。

当然，这绝不是普通的比赛。恺撒以其特有的奢华风格，向观众奉上了 320 组角斗士，进行的全都是单人格斗（也就是说不是格勒加里乌斯的大规模打斗）。这场盛会包含公共宴会、游行和戏剧表演，而角斗是整场盛会的重头戏。不出所料，恺撒赢得了他的下一次选举。

斯巴达克斯：罗马真实的噩梦

公元前 1 世纪 70 年代中期，意大利是一个随时可能被引爆的火药桶。粮食一再出现短缺；萨莫奈人在 20 年前最后一次反抗罗马人失败后，对罗马独裁官对待他们的方式仍然满怀着憎恨。罗马贵族们贪婪地扩张自己家族的庄园，把贫穷的农民从他们的土地上赶走。改革者提比略·格拉古口中的"为罗马奋战、牺牲"的许多士兵，最后也"只剩下意大利的空气和阳光还属于他们自己了"。

斯巴达克斯，罗马历史上最具争议、最神秘的人物之一登场了。我们对他所知甚少，甚至连他的真实姓名都不知道，因为"斯巴达克斯"这个我们所熟知的名字是他的拉尼斯塔起的，供他在竞技场表演时所用。我们能确定的是，他是一个被送进竞技场的罪犯，罪名也许是从辅军军队叛逃，也许是抢劫，也有可能两个都是。我们还知道，他在卡普亚的一个名叫楞图路斯·巴提亚图斯的人开的角斗士学校里遭受了无比残酷的训练。斯巴达克斯率领其他一些角斗士大胆地逃出了学校。在逃离城镇的时候，角斗士们遇到了为即将到来的角斗士表演运载货物的马车，于是斯巴达克斯和他的手下用这些他们本该在竞技场上使用的盔甲和武器武装了自己。

斯巴达克斯和他的角斗士同伴们成了强盗，他们的指挥部设在维苏威火山口，俯瞰着庞贝城。当时的罗马人天真地以为维苏威是一座死火山。如果当时的情况有所不同，那么斯巴达克斯早就消失在历史的长河里了。

斯巴达克斯是一名伟大的领袖，因此，他的角斗士团队迅速吸纳了其他追随者——逃亡的奴隶、心怀不满的退伍士兵和被剥夺了土地的农民。最后，他拥有了一小支军队，罗马人再也不能对他熟视无睹，征召了军队对抗他。斯巴达克斯打败了罗马的军队后，缴获了敌人的武器和盔甲，让自己已经规模庞大的军队拥有了精良的装备。

带着角斗士这一强大的军事力量，斯巴达克斯在意大利攻城略地，不仅劫掠了农庄，还洗劫了一些城镇。经过一个冬季的准备，斯巴达克斯向北进发，击败了一支又一支罗马军队，其中还包括从高卢派来对付他的 1 万老兵。当突围到阿尔卑斯山时，他和他的角斗士军队看了一眼通向自由的山口，又挥师南下。

没有人能确定他们为什么这样做，但这是一个致命的错误。斯巴达克斯又

一次在意大利一路洗劫，吸引了太多人前来加入他的军队，以至于他不得不拒绝了很多人。然而，当他到了意大利的最南角时，他被马库斯·克拉苏将军围困了一段时间。斯巴达克斯成功突围，但最终在港口城市布隆狄西乌姆旁边被克拉苏打败了。在一部精彩的戏剧改编作品中，斯巴达克斯在最后一役之前杀死了他的马，表明他不会逃跑。他有可能死在了这场战斗中——希腊史家普鲁塔克说，他战斗至生命的最后一刻，直到最后被砍倒——但他的尸体一直没有被找到。

斯巴达克斯被描述为拥有一副和蔼可亲的、隐约"像绵羊"一样的容貌，但是他的性格与温顺丝毫不沾边。他也并非为了自由而战。他奴役了所有反抗他的罗马人，并且很乐于把他的俘虏变成角斗士，让他们战斗至死，以此为乐。在罗马人看来，被他们认为是人类渣滓的一群人多次击败实属耻辱，但在斯巴达斯的领导下，这些叛军像男子汉一样战斗和死亡，这在一定程度上减轻了他们的耻辱感。这些叛军像真正的角斗士一样惨烈地死去，这给双方都带来了某种程度的光荣。

色雷斯角斗士小雕像。斯巴达克斯本应成为其中的一员。

✚ ✚ ✚

那是一场无比艰难的战斗。他的手下在战斗中杀死了 1.23 万人，但只有两个人的伤口在背部。其余的人坚守阵地，与罗马人血战至死。

——普鲁塔克，《克拉苏传》，第 11 章

✚ ✚ ✚

公元前65年 角斗士与高层政治

这一时期，罗马没有常备军队。事实上，哪怕是一名战无不胜的罗马将军，也必须在重新进入罗马城之前交出他的指挥权。因此，恺撒手下的640名训练有素的角斗士就算是一支规模小但实力雄厚的私人军队了，而且由于许多人（带着充分的理由）怀疑恺撒可能试图推翻共和国政权，所以元老院紧急通过法令，禁止任何人在寻求高级公职的两年内举办角斗比赛。

不久之后，其他法律也被通过，限制了任何场合允许出现的角斗士的数量。这既是为了限制罗马城内武装战士的数量，也是为了防止其他元老效仿恺撒的做法，不惜背负重债也要举办公开盛会。

公元前60年 危机升级

随着共和国一步步临近崩溃，煽动者们开始利用暴民统治来达成自己的目的。血腥的暴乱经常在广场上上演。事实上，在一次这样激烈的政治辩论后，尤利乌斯·恺撒怀着孕的女儿在看到丈夫庞培带着满身（别人的）血迹回到家后，一下子崩溃晕倒，恺撒因此失去了一个外孙。

在这种情况下，有足够的经济实力的人在卷入政治斗争时会带上一群身经百战的角斗士作为后盾，以此恫吓那些乌合之众。

公元前55年 永久竞技场诞生

到目前为止，罗马的娱乐活动一直都是在临时场馆进行的，通常是在广场上，而且没有座位，因为罗马共和国的人认为坐着享受表演是堕落的行为。公元前55年，此时已成了声名显赫的将军的庞培利用自己的财富和声望建造了一座永久竞技场。

✝ ✝ ✝

角斗士在广场上战斗的习俗是从我们的祖先那里流传下来的。

——维特鲁威，《建筑十书》，第5卷，第1章

（作于奥古斯都统治早期）

✝ ✝ ✝

同时代的政客，斯克里波尼乌斯·库里奥建造了两组背靠背的由轮子和枢轴相连的剧场座位。当这两组座位被旋转到面对面并拢时，二者的弧形便围成了一个椭圆形的空间，用于举行角斗表演。这一巧妙的装置在建造时有一些问题，所以很快就坏了（而且据说它被投入使用时，坐在上面的人其实比在赛场上的角斗士承受着更大的风险），然而，两座剧场之间形成的椭圆空间就是圆形竞技场（amphitheatre，"amphi"意为"两个"）一词的由来。

公元前53年　克洛狄乌斯之死

在阿庇亚大道上的一场纠纷中，执政官的候选人，阿尼乌斯·米罗的随从被普布利乌斯·克洛狄乌斯袭击了。后者来自罗马古老的克劳迪乌斯家族。我们几乎可以确定，西塞罗给出过人数的克洛狄乌斯军队中的"武装罪犯"就是角斗士，而且米罗自

己手下很可能也有不少角斗士，因为他的随从在这场冲突中取得了胜利，并杀死了克洛狄乌斯。

公元前 42 年　国家赞助的角斗表演

为了回应糟糕的兆象，并安抚自尤利乌斯·恺撒遇刺后日趋混乱的民众，罗马政府首次举办了一场官方的角斗表演。

公元前 22 年　奥古斯都掌权

除了设立前文提到过的旨在管控整个帝国的角斗士学校的监察官职位，奥古斯都还在这一年将所有比赛的角斗士人数限制在了 60 组以内（他自己自然不受这一规定的约束）。他为角斗表演建了一个规模较小的竞技场，并且将男性与女性观众分开，原因可能就是下列奥维德所描述的活动：

✛　✛　✛

许多来观看角斗士在竞技场上战斗流血的男人发现自己竟然坠入了爱河。当他在说话的同时抚摸着她的手时……还没等他反应过来，就被［丘比特的］箭射中了。他深深感叹，发现自己不是战斗的旁观者，而是牺牲者。

———奥维德，《爱的艺术》（在同一首诗的后面部分，
他在告诉女孩子们该到哪里寻找艳遇的部分中鼓励她们
"去仍然因为刚刚洒下的鲜血而温热的竞技场"）

✛　✛　✛

公元 27 年　费德奈的恐怖事件

木制的露天圆形竞技场，由出价最低的承包商建造。进去之后后果自负。

✝　✝　✝

　　一个名叫阿提利乌斯的自由民决定在费德奈建造一座圆形竞技场，用于角斗士的表演。他既不是为了炫耀自己的财富，也不是为了获得公众的认可，而仅仅是为了肮脏的利润。因此，他没有把圆形竞技场的地基打得足够坚固，也没有确保木制的上层建筑具有足够牢的扶壁……终于，它剧烈地震动了一下，然后轰然向内或向外倒塌了，当时观众席上密密麻麻全是人。还在全神贯注观看表演的观众不是摔死就是被压死了。被压死的人至少死得痛快干脆，而其他的人则被困在废墟中，四肢被撕裂，听着他们的亲人垂死挣扎……在这场灾难中，有 5 万人死亡或受伤致残。[①]元老院颁布法令，从此以后禁止身家低于 40 万塞斯特提乌斯的人举办角斗士表演，而且在建造圆形竞技场时，地基的牢固程度须被检查。

——塔西佗，《编年史》，第 4 卷，第 62 至 63 章

✝　✝　✝

---

①　苏埃托尼乌斯在《提比略传》第 40 章中说有 2 万人丧生。

公元 64 年　摧毁和修复

奥古斯都的圆形竞技场在罗马大火中被烧毁了，但没有被立即修复，因为罗马很快就因内战而变得动荡不安。最终的赢家——韦斯巴芗——着手打造历史上最著名的角斗场，即后来被称为罗马竞技场的弗拉维圆形竞技场。

弗拉维圆形竞技场。按最高规格建造的石制竞技场，有着 2000 年的使用保证。

公元 80 年　弗拉维圆形竞技场开放

韦斯巴芗的儿子和继任者，提图斯举办了盛大的角斗表演。诗人马提亚尔对角斗做了一番谄媚到令人尴尬的描述：

✝　✝　✝

噢，恺撒，即使是战神玛尔斯，也会［在竞技场上］用无与伦比的武器助你一臂之力。

——马提亚尔，《论盛会》，第 8 节

✝　✝　✝

公元 107 年　图拉真雄踞历任君王之首

达契亚战争胜利之后，图拉真举行了一场规模空前绝后的角斗，因为罗马帝国之前从来没有过，之后也没再有过如此庞大的资源可供其支配。长达 123 天的比赛中有斗兽环节，数以千计的各种野兽被屠杀，还有超过 5000 组角斗士参与了决斗。

　　不管怎样，我们现在到了这个角斗士在整个从泰晤士河到底格里斯河的罗马帝国代表罗马文化的年代。唯一比帝国的角斗士学校拥有更多武装人员的机构是罗马军团。每个男孩子都知道他所在的城镇中最厉害的角斗士是谁。作为一名角斗士，你可能是一个被鄙视的异类，体面的男人在街上看到你会背过身去，把他们的妻子赶到一旁，以免她们看见你。但你很有把握，当你经过时，那位妻子会回过头来看你，之后她的丈夫也会迫切地赶去竞技场观看你战斗。而且如果他还算是个男人的话，他也会想象，在被鲜血浸透的沙场上为自己的生命而战，会是一种什么样的感觉。

斗兽赛。技术娴熟的斗兽角斗士经过了大量训练，能够应对来自帝国各地的残暴野兽并与之打斗，激怒猛兽被认为是角斗士的热身动作。

角斗笔记

达契亚勇士——即将到达你附近的竞技场。

刺杀恺撒的人们在行凶之后，立即得到了一群由德西穆斯·布鲁图斯提供的角斗士保镖的保护。

✝

在罗马，营造官会被拨发公共资金，用于举办比赛盛事，这是他们作为市政官员的职责之一。许多营造官，比如恺撒，都试图自费添加额外的特色活动，如角斗士比赛，来为自己未来的政治生涯拉选票。

✝

一个罕见的角斗士参与全面战争的例子发生在屋大维（即未来的奥古斯都）在意大利围攻佩鲁西亚时。这群有魄力的角斗士从城墙突围，差点把屋大维给困住了。

✝

老普林尼告诉我们，因为角斗士经常在葬礼上进行角斗，所以他们曾经被称为"布斯图阿里乌斯"（bustuarius，"bustum"意为"墓地"。）

日耳曼首领阿尔米尼乌斯（公元9年在条顿堡森林歼灭了罗马军团）的幼子图梅利库斯被罗马人抓获后，在拉文纳长大，据记载，他被训练成了角斗士，可能死在了竞技场上。

✝

来自达契亚地区的角斗士现在遍地皆是，以至于罗马著名的达契亚角斗士学校就是以他们命名的。

✦ 3 ✦

罗马帝国的竞技场

为了向你自己证明你是谁而做事，不要为了迎合这个世界而做事。

——爱比克泰德，《手册》，第 47 篇

✦ ✦ ✦

许多角斗士至死都未见过罗马的圆形竞技场。（在罗马，公民们口中的"圆形竞技场"只指一座特定的建筑，即皇帝韦斯巴芗赠送给罗马人民的礼物——弗拉维圆形竞技场。我们马上就会聊到它。）罗马不仅是一个帝国，也是一座城市的名字。就像罗马的浴场、引水渠和法律一样，罗马城对角斗士的狂热已经远远传出了意大利。因此，本章将展示，一些眼光敏锐的奥克托拉图斯除了吃人的罗马皇家学校，还有其他哪些选择。（当然，如果你不是奥克托拉图斯，那么别人让你去哪你就得去哪，自己没得选，而且你死的地方有可能离你判刑的法庭没多远。）

去以弗所看看，然后死在那

✝ ✝ ✝

若我曾在以弗所像人类一样与野兽激战，那这对我有什么好处呢？若人死不能复生，"让我们尽情大快朵颐吧，因为我们明天就要死了"。

——圣保罗，《哥林多前书》，第 15 章，第 32 节

✝ ✝ ✝

优点：	缺点：
1. 优越的地理位置。	1. 对手的类型不常见。
2. 粉丝很文明。	2. 竞技场不是专为角斗士而建的。
3. 一流的医疗保健。	3. 对手水平高。

抵 达

在帝国浪漫的东部，有从丝绸之路而来的来自世界另一边的异国珍品，讲阿拉姆语和希腊语的人比讲拉丁语的更多。在这里来一场格斗怎么样？乘船前往地中海东岸，经过岩石环绕的希俄斯岛和山峦起伏的萨摩斯岛，直到能在前方的薄雾中看见小亚细亚的海岸。天际线下，克罗伊斯山的多岩石的山脊标记着群山间一道几英里宽的裂口，那里有沙滩、开斯特河口和潘诺姆斯港。

48

过了港口就是热闹的以弗所城了，它是小亚细亚最重要的城市，而且，自哈德良时期起，它就是罗马行省政府的所在地了。总督府，即罗马的政府大楼，显眼地坐落在克罗伊斯山脚下的一个山脊上。在总督府旁边，你会看到附近的一座小山丘，它叫皮昂山，有两个山峰，看起来就像被压平了的从遥远的内陆驮运香料的双峰骆驼的驼峰。在两个山峰之间，有一座嵌在山坡上的巨大竞技场，足以容纳数万名观众。那是以弗所的竞技场，角斗士们将在其中拼杀。在小亚细亚，角斗已经发展得很成熟，但仍有些人装腔作势地蔑视它们，认为它们是对希腊人文主义传统的侮辱。这种态度在受过良好教育的上流社会人士中十分常见，例如修辞学家金嘴狄翁（他名字中的 Chrysostom 在希腊语中就是"金嘴"的意思），尽管如此，每一场角斗表演都座无虚席，甚至连小孩子们也会画涂鸦描绘角斗士激战的场景，与帝国各地经常玩"角斗士"游戏的青少年并没有什么不同。

✛ ✛ ✛

就像那些在游戏时一会儿扮演摔跤选手，一会儿又扮演角斗士，然后再玩吹角子的孩子们一样……

——爱比克泰德，《语录》，第 3 卷，第 77 节

✛ ✛ ✛

史料中记载的以弗所的第一场角斗比赛发生在公元前 69 年，当时正值罗马共和国末期，米特里达梯战争期间。这些比赛广受大众追捧，以至于原有的旧剧场被改造，以适用于角斗表演。

✝ ✝ ✝

角斗和斗兽表演是世间最精彩的东西，没有人反对吧？

—— 雅典那哥拉，《辩护文》，第 35 章

✝ ✝ ✝

学会行话

来自西部拉丁地区的人都必须习惯角斗士被称为运动员这件事。除此之外，你还需要学习几个新术语。

· 在东方，圆形竞技场通常被称为体育场（因为那是"运动员"们的表演场所）。

· 小心提防被称为"技术无与伦比"的对手，因为这一描述意味着他是一名战无不胜的老将。

· 在这里，你参与的角斗盛会被称为"菲洛蒂米亚"（philotimia），而不是"穆努斯"。

· 角斗士学校里的室友叫作"辛克拉里奥伊"（synkelarioi）。

· 优秀的角斗士会收获一群热情的"菲洛普洛依"（philoploi），也就是粉丝。

· 水平低的角斗士需要学习 apeluthe 这个词，在拉丁语里是 missus，意思是他被赦免了。

当地环境

以弗所是一个享有盛誉的宜居之地，每年都会有潮水般的游客涌入这座城市，参加或观看阿耳忒弥斯节。阿耳忒弥斯就是希腊人对处女神狄阿娜的叫法。在希腊和罗马，狄阿娜只是一位狩猎女神，然而在亚细亚，她的意义可不止如此，而是与其他几位女神合并，被视为整个行省的守护女神。这里的人对狄阿娜的崇拜是如此狂热，以至于当一位名叫保卢斯的游荡的传教士到这里传播福音时，差点被私刑处死，48 页那句关于被扔给"野兽"的话就是由此而来的。后面那句"让我们尽情大快朵颐吧，因为我们明天就要死了"所提到的可能是比赛前夕的传统宴会"最后的晚餐"，角斗士和所有将会上场的死刑犯都能参加。这个活动不仅在以弗所有，在包括罗马城在内的各地的角斗场都有。

一名胸怀大志的以弗所角斗士应该做的第一件事就是去狄阿娜大神庙寻求女神的祝福和恩惠。除了虔诚，当地人

狄阿娜女神，帝国所有竞技场中斗兽士的保护神。这尊雕像展示了她在以弗所的神庙里在信徒面前现身时的样子。

51

肯定会因此而认可你，反正积累支持者永远不嫌早。除此之外，去参观神庙也有别的原因，其中一个就是，狄阿娜神庙是世界七大奇迹之一，非常值得一看。原本的神庙是由吕底亚富有的吕底亚王克罗伊斯出资建造的，现在的神庙是一座替代品，但同样令人叹为观止。神庙内有一座狄阿娜的雕像，当地人会告诉你，它是由朱庇特亲手安放的。当地的银商出售雕像的缩小版复制品，很适合当作护身符，或者带回角斗士学校做一个小神龛。

荷尔蒙骚动的年轻角斗士来参观这座神庙的另一个原因是，那里有许多闲逛的年轻女士，只需支付少许费用，就能享用她们美好的肉体。

竞技场

竞技场规模非常壮观，大约有300码×160码[1]，所以角斗士们有相当大的机动自由。但坏处是，这鼓励了更加富有开拓精神的主办方去考虑标新立异的活动，而一个习惯于与常见类型的对手抗衡的角斗士不会愿意与骑兵或战车斗士交手。这样的事情永远不会在罗马发生，专业的剑客在罗马不会参加有马参与的角斗，比如骑兵与战车斗士之间的战斗。请注意，色雷斯式斗士和海鱼斗士（101—103页介绍了这些类型）在这里很受欢迎。全副武装的萨莫奈式斗士在这里很少见，但该地区过去曾大肆炫耀过杀伤

---

[1] 1码约为0.91米。

力极强的网斗士。还有一种叫作"剪刀"的角斗士，在东部以外的地区很少见，这种角斗士不用标准的盾牌，而是用一种带钩或者尾部安有一把形状怪异的四刃刀的护袖甲。

✝ ✝ ✝

在角斗士中，我不仅能看到像野兽一样的人，也能看到希腊人……

——普鲁塔克，《道德小品》，第 1099 节，B 段

✝ ✝ ✝

距离竞技场不到 100 码的地方就是角斗士墓地。在那里，新手可以四处游荡，从他的前辈们那里获取一些有用的提示。例如这名当地小伙潘多斯，在墓碑上吹嘘自己赢了 10 场比赛。有一次，尽管太阳光十分刺眼，他依然"像宰驴一样"杀死了他的对手。请记住，从竞技场很容易看到皮昂山的双峰，不要让它离开你的视野。如果你的视线偏离了

在这座来自以弗所的浅浮雕中，一名海鱼斗士和一名色雷斯式斗士正在近身搏斗。请注意他们宽大的腰带，以及那把凶险地刺向海鱼斗士后背的色雷斯刀。

53

皮昂山太远，那么午后海面上反射的阳光可能会直射进你的头盔，晃得你什么都看不清楚。

也请记住，这座竞技场不是专为角斗而建的。早上通常会举办斗牛赛，因此地上会有很多牛血，而场地的排水系统并不完善。懒洋洋的负责打扫的仆人和新铺的沙地下的血泊，都帮不上你什么忙。

其他场地

帕加马　前行省首府，伟大的盖伦在这里担任角斗士医生。

哈利卡那索斯　这里也有一些新奇的表演，如女子角斗士。

雅典　角斗运动最近在这里变得很受欢迎。

✝ ✝ ✝

成群的雅典人涌向卫城下的剧院，只为一睹这场人类屠杀。

——斐洛斯托拉德，《提亚纳的阿波罗尼乌斯传》，第 4 卷，第 22 章

✝ ✝ ✝

- -

来自哈利卡那索斯的角斗士小雕像。不同寻常的是，这尊雕像的腿部和持剑臂上没有护具，这也许是雕塑家的审美选择。

存活概率

很大。这在很大程度上取决于谁是皇室宗教的现任祭司。他必须为每一个在竞技场上牺牲的角斗士向角斗士学校付钱，而由于他的工作还牵扯许多其他需要支付的费用，所以他肯定会尽力让你活下去。他的预算越紧张，对你的帮助就越大。最坏的情况是，有富豪愿意牺牲角斗士的性命来为自己换取名声。

就健康方面而言，以弗所有许多来自米安德河谷的优质新鲜食物。这座城市还坐落在东西向的香料运输道路和由北向南穿过竞技场附近的马格尼西亚大门的贸易路线的交汇处。因此，这里的人们得以坐享丰富的物资、新鲜健康的鱼类和宜人的海风。在这里，感染和瘟疫的风险比罗马小得多。

此外，除了面临死于刀剑下的风险，角斗士的境况要比普通人好得多。他们不但有良好的饮食和健康的运动，还享有最好的医疗保健。盖伦，这个时代最伟大的医生之一，在成为先帝马可·奥勒留的私人医生之前，就曾在附近的帕加马竞技场为角斗士们诊治疾病，练习医术。（奥勒留在征战东部的途中经过了以弗所，那里至今还伫立着一尊他和他的弟弟卢基乌斯·维鲁斯以及年幼的康茂德三人的雕像，以纪念此事。）

最后，以弗所还有其他种类繁多的比赛盛会，如以弗所赛会，奥林匹亚赛会和阿德里亚赛会。这些都是非角斗形式的体育竞技比赛，也包括音乐、诗歌和戏剧比赛，人们对这些竞赛之后的社交活动也兴致盎然。（这样的活动有很多，例如，阿耳忒弥斯节上的贞女游行是如此盛大恢宏，以至于它永远被记录在了著名画家阿佩莱斯的画中。此外，也有许多年轻男女是怀着寻觅佳缘的目的来参加阿耳忒弥斯节的。）

　　这一系列欢乐盛事都意味着，能留给角斗比赛的日子被挤走了很多，所以幸运的话，这座城市每年只会安排一两次角斗杀戮活动。这并不意味着新手的存活概率很高，尤其是在第一年，但一年之后，情况会有所好转。而且如果你非要跑路的话，以弗所是一个不错的出发地。

角斗笔记

　　并非所有的角斗士都会死在竞技场上。墓地里就长眠着一位于99岁高龄去世的退役角斗士。

　　角斗比赛的举办者一般是皇室宗教的祭司。

　　附近的米安德河（River Meander）蜿蜒曲折地穿过平原，以至于它的名字后来成了动词"蜿蜒穿过"（meander）的来源。

去迦太基看看，然后死在那

优点：	缺点：
1. 豪华的竞技场。	1. 会被忒雷格尼斗士们抢风头。
2. 精彩的盛会。	2. 要杀的基督徒太多。
3. 奢华的浴场。	3. 戴着头盔很热。
4. 高档的剧院。	4. 观众很难讨好。

每一个乘船驶入迦太基著名的环形港口的罗马人都会不由自主地想起，迦太基赫赫有名的舰队正是从这里驶向罗马的；也是从这里，汉尼拔乘船前往西班牙，然后从西班牙一路行军，跨越阿尔卑斯山，入侵了意大利，他带去的战象可能也是从这个港口运输过去的。当然，现在的居民会向你保证，他们是坚定不移的罗马公民，与曾经住在这里的、献祭婴儿的野蛮的腓尼基人毫无关系。迦太基现在是一处罗马殖民地，许多居民是退伍的奥古斯都军团士兵的后裔。这里还有一个很大的迦太基居住区，但这里的居民也像罗马人一样，发自内心地喜爱致命的竞技体育。

当地环境

事实上，无论是罗马人还是迦太基本地人，这里的居民从不吝惜在娱乐上的开销。圆形竞技场的南面就是一个大型的战车竞赛场，仅比罗马的大竞技场短 100 码。北面是一家设施完善的剧场。这座城市还有建造于几十年前的富丽堂皇的浴场，铺着大理石地板，还有讲究的缟玛瑙和斑岩圆柱。不过呢，这些浴场在城市的另一边，与圆形竞技场方向相反，所以去那不是很容易。（迦太基的城墙有 23 英里 [①] 长。）

圆形竞技场

迦太基是罗马的阿非利加行省的首府，所以可以想象，它有一个与其地位相匹配的圆形竞技场。这座建筑距离市中心，即毕尔萨山上的广场，仅 0.75 英里。竞技场在广场山下的西边，是标准的椭圆形，规模可观（175 码 × 140 码），与庞贝城的圆形竞技场面积差不多。公元 165 年，一场大火摧毁了迦太基城的大部分地区，火灾后，人们花大价钱用石灰岩重建了竞技场，还用青铜钩子把石头固定在一起，每个钩子的外层还包裹着铅，防止它们受侵蚀。

在竞技场里，观众可以一边享受水力风琴的乐声，一边欣赏四周的宏伟雕像。坐在狮背上的女神凯莱斯缇斯是流行的艺术题材，因为她是迦太基城的守护神，即被略微罗马化了的古迦太基的月亮女神塔尼特。

竞技场下有一个地窖，动物和囚犯可以由此直接被带入竞技场，但野兽一般都被关在地面上墙边的笼子里，所以前排的一些座位其实就在这些动物的上方。环绕竞技场的围墙很矮，需要设

---

① 1 英里约为 1.61 千米。

58

立防护网，防止角斗用的猎豹与观众亲密接触。有些人觉得这里的座位数量比较有限，但对这些人来说，就连 1.5 万人的观众容纳量都太小了。

迦太基人对待他们的角斗非常严肃，连一个赢得了一场很小胜利的角斗士都会收到写着他的名字的小诅咒牌。这些诅咒来自赌输了的赌徒，他们买这种小小的铅制诅咒牌来诅咒导致他们输钱的角斗士被冥界的地狱之神带走。

其他场地

有传言说，提斯德鲁斯会建一座更大、更壮观的圆形竞技场。这座城市有许多因橄榄油出口业务而赚得盆满钵满的暴发户企业家。

愿神佑护野兽

这一带的角斗士行业的美中不足之处就是可恶的忒雷格尼行会（guild of the Telegenii）。由于非洲拥有种类繁多的野生动物，能给观众们带来很大的潜在娱乐享受，所以在大众的想象中，斗兽士（venator）几乎比竞技场上的角斗士更勇猛。最著名的斗兽士组织就是忒雷格尼行会，其独特的标志是一把带着新月状刀尖的长矛——不难看出，代表的就是塔尼特的新月，大多数迦太基本土观众依然敬重她。然而，这一行会的"官方"保护神是酒神巴克斯，他的雕像在迦太基竞技场中位置显眼，体现了这个行会的受欢迎程度。

在这幅来自北非的马赛克装饰画中，斗兽士们抢了角斗士同僚的风头。斗兽士们有时候会两两结对上场与野兽打斗，这样其中一人就可以在队友逼近野兽时分散它的注意力。

但有两件事能让角斗士感到安慰：首先，忒雷格尼行会是一个巡回团体，在北非的所有场馆都有表演，所以他们很多时间都不在迦太基城；其次，斗兽士并非每次上场都能被分配到如自己意的任务，以下这场在迦太基竞技场上试图处决两名基督教殉道者的笨拙的行动就是一个例子。

巴克斯，酒和忒雷格尼行会的守护神。忒雷格尼行会选择他当守护神也许是很合适的，因为众所周知，巴克斯的崇拜者在一场野兽般的狂暴中把无辜的看热闹的人撕碎了。

一场激烈进行中的斗兽赛。一头公牛和一头熊打起来了，而一名不幸的囚犯则被命令去把它们分开。另一名参与者因不积极参与战斗（可以理解）而正在受罚。

✛ ✛ ✛

首先，他［殉道者萨图鲁斯］和雷沃卡图斯被命令和一只美洲豹对决，然后，戴着枷锁的他们被一只狗熊袭击。萨图鲁斯尤其畏惧熊，所以想要被猎豹一口咬死，但他还被迫与一头野猪对峙。事实上，一名斗兽士在把他绑到野猪身上时被它的獠牙刺伤了，几天后去世了，而萨图鲁斯只是被拖行了一段距离。然后，当他被绑起来，等待狗熊的攻击时，狗熊却拒绝从笼子里出来。

——《圣佩尔培图阿受难记》，第 19 章

✛ ✛ ✛

一只死在竞技场上的猎豹会花费举办者 1000 或 2000 塞斯特提乌斯，比一名角斗士还便宜。但是，像角斗士一样，如果这是一头有名气的豹子，那么它也许能多活几天。在非洲，动物的价格相对低廉，因此只要观众愿意，举办者就会尽可能多地举行斗

兽表演，而不是角斗，观众们也通常会认同这种选择。

存活概率

尽管角斗士在早上有可能被斗兽士抢了风头，但在下午依然要进行表演，而且还相当频繁。由于迦太基是行省的首府，因此这里的皇室宗教的大祭司也是整个阿非利加行省的大祭司，观众都期盼他举办盛大奢华的比赛。也有地方官员会举办规模较小的比赛，庆祝自己当选。

✝ ✝ ✝

在角斗士的午间表演上，墨丘利用通红的烙铁来测试死者［以确保他们是真的死了］，引得我们哈哈大笑……我们还看着角斗士们的尸体被带走。

——特土良，《护教学》，第15章，第5段

✝ ✝ ✝

角斗士在工作中最讨厌的一点是，他可能会被要求去竞技场处决犯人。这是一项既体现不了尊严，也无法从中得到荣誉的任务。由于基督教越来越流行，各年龄和阶层的殉道者源源不断。观众会叫角斗士们来干掉那些在斗兽中幸存下来的人。但即便是一个在激战中杀人不眨眼的角斗士，也会在刺死一个手无寸铁的年轻女子之前犹豫片刻。

+ + +

然而，佩尔培图阿还要承受更多折磨。她在肋骨被击中时尖叫了起来，然后，她握住了年轻角斗士颤抖的手，把它引向了自己的喉咙。

——《圣佩尔培图阿受难记》，第 21 章

+ + +

迦太基人是出了名地残忍，甚至连在这里出生的罗马人都比东部希腊的罗马人更冷酷，所以，最好确保你不是在战斗最后乞求观众饶你不死的那个。如果你的恳求没有奏效，那么迦太基的墓地也算一个不错的安息之地了。这里风景优美，可以越过海湾看到与远处地平线上的山脉融为一体的深蓝色地中海。

角斗笔记

在公元 2 世纪 30 年代，昆图斯·沃尔特狄乌斯·奥普塔图斯在迦太基举行了为期 4 天的角斗和斗兽赛，花费了 20 万塞斯特提乌斯。（一名工人的年薪可能是 500 塞斯特提乌斯。）

+

除了一些斗兽士很出名，有的豹子的名字也为观众所熟知。

+

竞技场是当地的马赛克装饰画中广受欢迎的一个题材，因此你有可能出现在这些镶嵌板中，被永远铭记。

去伦蒂尼恩看看，然后死在那

✠ ✠ ✠

拜瑞卢斯，一名25岁的希腊战车斗士，在他的第20次战斗后获得了自由。他的妻子诺马斯为她的丈夫建立了这座纪念碑。

——角斗士纪念碑，《拉丁铭文合集》，第12卷，第3323条

✠ ✠ ✠

优点：	缺点：
1. 良好的战斗场地。	1. 位置也十分偏远。
2. 阳光一般不会把你晃得什么都看不清。	2. 就算不死于对手刀下，腰痛也够你受的。
3. 不断改良的设施。	3. 竞争激烈。

一个普通的罗马人一般不会想起不列颠尼亚，在他们的印象中，那里是一个遥远的雾气缭绕的岛屿，到处都是野熊和不列颠人。大多数罗马人唯一能叫出名字的不列颠人是布狄卡，但罗马人对她并没有什么美好的回忆。然而，对于这个正在迅速发展为罗马帝国最繁荣的行省之一的岛屿来说，这种看法是相当不公正的。

当地环境

到达曾被当地人称为"林丁"（Llyn Din，意为"湖上的要

64

塞"，今伦敦）的地方后，你很容易就能看到这里日益兴盛的迹象，从码头上的商船数量，到屋顶从茅草变成了石头的大多数房子。一堵巨大的、造价不菲的墙向人们昭示着，布狄卡在这些地方也没有被遗忘。她确实曾经把伦蒂尼恩夷为平地。即便在今天，泰晤士河上唯一的一座桥也仍然是木制的，因此在面对一支进犯的军队时，可以轻易将它摧毁。（不过，随着南方已经享受了一个多世纪的和平，现在主要面临风险的人群是驾着小圆舟在桥桩之间的激流中穿行的不列颠渔民。）

✝ ✝ ✝

伦敦，一座……商贾忙碌、物产丰盛的城市。

——塔西佗，《编年史》，第 14 卷，第 33 章

✝ ✝ ✝

竞技场

位于城市的东侧，那里有一条小溪提供水源，同时冲走旁边的小军营的垃圾。驻守在这里的卫戍部队可以满足他们对角斗表演的出于职业角度的兴趣。这条小溪也把圆形竞技场另一边的区域变成了沼泽地般的垃圾场。

像许多罗马圆形竞技场一样，这座竞技场也是以东西为长轴，让包厢里的贵族们在坐在北侧正冲着椭圆形场地的短轴时，能够享受阳光。（毕竟，考虑到不列颠的天气，人们一般不需要担心会

被阳光晃瞎或者热到窒息，但在迦太基那些地方就不一样了。）

旧的木制圆形竞技场已被一座更坚固的石头建筑取代了，这些石头都是从当地取材的。因为竞技场位于斜坡上，所以有一侧的座位实际上是建在坡上的。竞技场的入口通道非常宽敞壮观，部分原因是为了提供足够的空间让棕熊通过。它们被带进来，关在竞技场入口旁边的小屋里，在这里与被俘的北方的不列颠人对决，后者有时也会和角斗士们战斗。（不列颠人和棕熊一样凶猛、毛发蓬乱，主要区别在于，前者身上是染成了蓝色的。）这个竞技场里没有活板门，因为仅仅把场地的地面保持在当地的地下水位之上就已经很难了，更不用说再挖个地下室了。

即便如此，这座竞技场还算是一处舒适的战斗场地，最宽处约有 70 码，下坡方向则更为开阔。就罗马帝国的西部的情况来看，这已经算是一座相当好的竞技场了，但与其他地方壮观的竞技场是没法相提并论的。

竞　争

这个行省的角斗士所面临的问题之一是，不列颠仍是一个活跃的战区。这不仅意味着源源不断的战俘被从北方送到竞技场，也意味着有迫于无奈和角斗士学校签约的退伍军团士兵。再加上一些新奇的表演，比如女子角斗士（见 137—140 页），志向远大的角斗士在这里比在和平地区更难成名。

◀ 色雷斯式斗士的头盔。这种头盔通常装饰着狮鹫样式的顶饰。狮鹫是神话中驾驶涅墨西斯的战车的动物。从实用角度来说，狮鹫顶饰意味着色雷斯式斗士必须弯腰弯得更快、更低，以完全躲避攻击。

▶ "展示型盔甲"。这些华丽的胫甲（角斗士的暖腿套）展现了角斗士的两难境地——是应该穿能让自己在战斗中表现得更好的合身的盔甲，还是更不实用、但会吸引观众目光的装备？

▲ 在这幅来自阿非利加行省的马赛克装饰画中，5 名斗兽士正在一张竞技
场形状的桌子前痛饮狂欢，他们面前是即将死在他们刀下的动物。每名
斗兽士都带着自己所属行会的特有标志。一名忧心忡忡的奴隶跑过来，
手指放在嘴唇上："安静！公牛们在睡觉！"

▲ 这幅描绘骑士的马赛克装饰画体现了盾牌作为广告的重要性。遗憾的是，马特耳努斯（右上角的骑士）没有完全发挥出他的盾牌的作用。他名字后的 θ 表示，他受了致命伤。

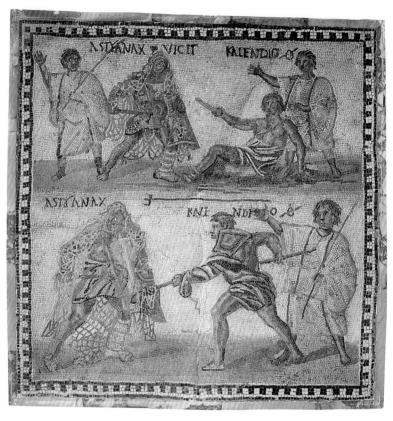

▲ 追击斗士安斯塔纳克斯对决网斗士卡伦迪奥。这幅马赛克装饰画显示，卡伦迪奥成功地用手抛网罩住了追击斗士，但即便如此，他也无法阻止安斯塔纳克斯的攻击砍杀。

▶ 竞技场上的死亡。这幅公元前 1 世纪的浅浮雕展示了一名被对手杀死的角斗士。从那以后，角斗士的装备变得更精良了，现在的斗士们都穿戴盔甲，可避免小伤。

▲ 在一次训练对打中，一名角斗士带着一身的淤青和血迹跌坐在沙场上。他的对手，一名努比亚网斗士趴在地上，三叉戟被扔到了一边。这幅公元 2 世纪的马赛克装饰画来自突尼斯大莱普提斯附近的瓦迪莱布达山庄，精心描绘了角斗士持剑臂和持盾臂不同的肌肉形态。

▲ 庞贝城的暴乱（见第 189 页）。公元 59 年，庞贝人与努科利亚人的激战，这次事件是为数不多的几次竞技场上的角斗士比场下观众的处境更安全的情况。庞贝人赢了，但事后受到了严厉的惩罚。

来自不列颠的马赛克装饰画，展示了角斗中的网斗士和追击斗士。请注意追击斗士所持盾牌上的奢华装饰，以及地上的活板门，网斗士希望对手被它绊倒。

+ + +

角斗士认为，与比自己水平低的对手匹配较量是一件丢人的事。他知道没有危险的胜利是不光荣的。

——塞内卡，《论天意》，第3章，第4节

+ + +

不列颠人可能会作为高卢式斗士作战，这一种类的角斗士已经在罗马帝国其他地方绝迹，被更为常见的色雷斯式斗士取代了。然而，不列颠人的武器和战术都非常适合这个类型，所以这个类型在这里存活了下来也不奇怪。当然，这里还有随处可见的网斗士，以及他们的传统对手海鱼斗士和追击斗士。许多退伍士兵选

这只来自科尔切斯特的精美花瓶展示了网斗士瓦伦提努斯
失去了自己的手抛网和三叉戟，投降让他的对手——追击
斗士门农获得了第 9 次胜利。

择成为萨莫奈式或挑战者斗士，因为这些类型的斗士使用的盔甲
和武器与军团训练时用的一样。（这些类型的介绍请见 100—103
页。）然而，不列颠正在逐渐成为一个著名的角斗场地，所以连小
亚细亚的哈利卡那索斯那么遥远的地方的专业角斗士也会来到这
里一碰运气。

其他场地

军队的存在意味着，那些无法在大城市成为角斗士的人可以
在该行省的其他地方寻求机会：

切斯特　有一个位于市中心的大型圆形竞技场。

卡尔雷昂 这里的观众大多是军团士兵。

多诺瓦利亚 有不列颠最大的圆形竞技场，由一个两千年前新石器时代的石圈改建而成。

角斗笔记

建造伦蒂尼恩圆形竞技场的大部分石头是从今肯特运来的。

✝

不列颠的日益繁荣意味着，来自异国的野兽开始出现在竞技场的早间表演中了。

公元 200 年，塞普蒂米乌斯·塞维鲁皇帝（他也征战过不列颠）下令，禁止女子角斗士之间的单人决斗。

角斗士学校的生活

你是一个戏剧演员……你不能选择你的角色，但你可以选择
把它演好。

—— 爱比克泰德，《手册》，第 17 篇

✝ ✝ ✝

进入角斗士学校，就意味着进入了一个全新的世界。这里的
情况与学校外面截然不同，有一套不一样的价值观，对话中充斥
着晦涩难懂的术语，生活节奏、礼节、衣着和饮食完全变了，还
有一系列全新的社会关系，新手若想在这个关系紧密的团体中找
到自己的一席之地的话，就必须快速理清这些关系。最重要的是，
角斗士学校会给人一种世界是由"我们"和"他们"所组成的感
觉，前者指圆形竞技场上的斗士，后者指世界上其他所有的人，
但尤其是指赞助或观看角斗比赛的人。

在许多方面，角斗士学校就像一个大家族，事实上，有些学
校被称为"角斗士家族"（尽管任何认为角斗士情同手足的人，都
需要准备好目睹一些相当血腥的手足相残事件）。如果角斗士学校

是一个大家族，那么毫无疑问，族长、教父，以及无可争议的主人都是拉尼斯塔。

✝ ✝ ✝

这个家族的建立是为了纪念（已故的）萨图尔尼罗斯。

——罗马铭文，摘自路易·罗贝尔的《东方希腊的角斗士》，第241页

✝ ✝ ✝

拉尼斯塔

✝ ✝ ✝

他手段残忍，把他的利益建立在酷刑和死亡之上，就像一个拉尼斯塔在赛场上所做的那样。

——阿米阿努斯·马尔切利努斯，《历史》，第18卷，第12章，第1节

✝ ✝ ✝

在角斗士学校外面的世界，拉尼斯塔十分受人唾弃，以至于为许多大型角斗活动支付费用的祭司都会通过中间人与他打交道，以避免与他直接交流，受到玷污。拉尼斯塔这一行业的历史和角斗士的历史一样古老，而且许多罗马人其实相信"拉尼斯塔"（lanista）一词和角斗士一样，都起源于伊特鲁里亚。他们指出，

拉丁语 laniare（意为"割开或撕碎"）源于伊特鲁里亚语，同时在拉丁语中，lanius 一词是"屠夫"的意思。然而，无论拉尼斯塔在外面的世界多么受人鄙视（许多体面的墓地甚至不会接受他的尸体），在角斗士学校里，他是掌控一切的主人。

拉尼斯塔有权决定是在学校里培养有潜力的年轻人，还是从外部买进现成的人才。他制定训练制度，并密切关注学校的财务预算。他可以对受他管控的任何人施行罚款、鞭笞，甚至死刑，其中也包括那些自愿服从他的奥克托拉图斯。拉尼斯塔是见习角斗士最不应该得罪的人，因为如果冒犯了他的话，他会是你这辈子最后一个得罪的人（之后你的职业生涯和生命都会很快画上句号，例如不幸被安排与食人的不列颠蛮族人布鲁图斯·布里塔尼库斯·色雷克斯对决）。

拉尼斯塔所制定的管理制度为学校生活定下了基调。正是他们极端残暴的统治激发了斯巴达克斯和他的角斗士同伴们著名的出逃。有些拉尼斯塔可能认为，把角斗士变成凶残的野兽能在竞技场上收获最好的效果，但更好的拉尼斯塔则会专注于建立团队精神，并让角斗士以他们自己和他们的职业为豪。

✝ ✝ ✝

除了角斗，他们都被严密监禁着，这并不是因为他们有任何不端行为，而是因为他们的拉尼斯塔的残暴。

——普鲁塔克，《克拉苏传》，第 8 章

✝ ✝ ✝

在皇家学校里，拉尼斯塔受监察官监督，但这位官员可能只是从罗马贵族之间的资源（包括官职）互换传统中把这个职位拿到手的。监察官不太可能去关心角斗士学校的日常运作，只要角斗士们最后在竞技场上的表现让他脸上有光就行了。在规模较小或私立的学校，履行监察官职责的是一名当地城市议会的成员或学校的所有者。在一所规模较大的角斗士学校里，见习角斗士很少有机会接触这样的权威人物。罗马的皇家学校拥有数百名角斗士，与帝国官员打过交道的没有几个。事实上，拉尼斯塔的作用之一就是充当高层管理者和角斗士之间的中间人。

长期工作人员

从角斗士的工作性质来看，他们只是角斗学校的临时成员。角斗士和长期工作人员之间的关系大都很短暂，主要是因为角斗士的生命大都很短暂。尽管如此，对于任何想活着离开学校的新手角斗士来说，一开始就和长期工作人员搞好关系是最基本的。

急　救

从你的角度看来，医护人员是一类重要的工作人员。一般情况下，即使是最小的角斗学校，也会配备一名随时现场待命，或至少是随叫随到的医护人员，因为尽管角斗不常举行，但训练中

治疗伤者。从远古时代开始，凡是有勇士的地方，都会有在一旁待命、准备为他包扎的医护人员。正如这幅版画所示，在罗马，许多最优秀的医疗工作者都是希腊人。

的受伤却很常见，毕竟训练用的沉重木剑是能致人骨折的。此外，角斗士和普通人一样也会生病，拉尼斯塔最大的噩梦就是在大型表演前夕，角斗士营地被传染病席卷。医疗人员能决定一名受伤的角斗士得到多少体贴入微的关怀护理，还会安排一些基本的物理治疗来确保，比如说，角斗士身上的伤疤不会影响他行动。

教　练

　　导师们有各自擅长的打斗方式，他的任务也包括赋予他的学员这些潜力。他是学员所选择的专业的盔甲、武器，以及战术上的专家。而且可以肯定的是，他们拥有丰富的在竞技场上使用这些武器和战术的经验。导师会扮演教练的角色，根据学校规模的大小，可能也会兼任训练师一职，或者与后者密切配合。训练师负责常规的训练，并且密切关注角斗士们的健康状况和日常饮食。

盔 甲

皇家角斗士学校（理所当然地）拥有最丰富的辅助基础设施，但其他角斗士学校都会在一定程度上模仿它的模式。可能只有皇家角斗士学校才会配备一名"军械师"（二级），负责修理许多角斗士在战斗中所佩戴的手臂护具，但即使是最低端的角斗士学校，也需要有人为铠甲补上铆钉，或把一套标准的二手装备改造得（至少乍一看）光鲜亮丽。

角斗士表演用的装备。新手至少得在 6 个月后才能穿戴这些。训练用的装备比这更简陋，也更沉。

服 装

我们也不应该低估"造型师"的作用，他专门为角斗士准备盔甲以外的其余服装。这个角色的实质比它表面上看起来更重要。这个人不但要确保你的穿着适合在竞技场上搏杀，更是因为，角斗士的仪容是在观众中吸引追捧者的第二重要（仅次于他在场上的表现）的方面。而决定战败的角斗士生死的也许正是这些观众。

后勤部

除了那些直接与角斗士接触的工作人员，还有其他对角斗士的生活同样重要的人，但他们很少与角斗士有交集。其中有负责平衡饮食、训练、装备，以及角斗士的表演报酬的开销办事员。他们说，每个人都是标好了价格的，而且他们对你的身价了如指掌，精确到个位数。

奴　隶

最后还有奴隶们。他们执行打扫、烹饪、取水和打扫公共厕所等后勤任务。他们的基本工作是确保受训的角斗士只需专注于他人生的唯一目标，即学习如何有风格地杀人。他们的工作的本质助长了一些角斗士对他们残忍的态度，但是有时对奴隶们表示些许善意，是能从中获益的。奴隶们无处不在，而且因为他们通

就像奴隶主一样，拉尼斯塔有权随心所欲地惩罚在他手下训练的人。这里使用的由绳子拧成的鞭子打起人来比一般的短鞭更疼。

77

常都是被无视的，所以他们可以获取一些重要的信息，比如事先知道在未来的比赛中谁可能会匹配谁。

内部等级

不同身份的角斗士在角斗士学校内的生活条件不尽相同。不同种类的角斗士通常都是被分开的，举个例子，追击斗士（见第101页）不太与网斗士（见第103页）混在一起。一个狡猾的拉尼斯塔会挑起不同团体之间的矛盾，所以各个小团体之间会有真正的竞争。当他们的代表在竞技场上碰面时，这会为他们的表现增添一丝额外的趣味。

角斗士彻底感染了公众的想象。衍生产品，如这盏油灯，在罗马帝国各地都很畅销。

✝ ✝ ✝

拉尼斯塔至少经营的是一个像样的机构。懦弱的散兵和装备精良的重装角斗士是被隔开的。网斗士不必与犯下重罪的恶棍共同进餐，所以他不必担心在更衣室里会有人在决斗前偷走他的护肩和三叉戟。甚至连劣等角斗士也都是分开住的。

——尤维纳利斯，《讽刺集》，第 6 篇

✝ ✝ ✝

在理想的情况下，学校里每一个级别的角斗士都有各自指定的居住区域。皇家学校就是这种模式。在这种模式中，角斗士不仅是被分开的，还按照各自的类型分别居住在不同的学校中，每个学校所对应的都是最受欢迎的角斗士类型。然而，在角斗士学校这种高度结构化的世界里，即使是共住一间房的人也不见得是平等的。

✝ ✝ ✝

卢基乌斯·阿西奇乌斯……你这个"穆尔米欧拉"（muriola）!

（耶苏斯，一位来自庞贝的竞争对手，他的铭文告诉人们，卢基乌斯·阿西奇乌斯这名海鱼斗士（murmillo），要么是一种臭鱼酱，要么是一种女性喜爱的饮品，取决于人们更倾向于哪种翻译）

✝ ✝ ✝

一个群体中的角斗士的等级大致如下：

第一角斗士（primus palus）

这个叫法反映了罗马人对谐音词的喜爱，来源于"primus pilus"，是对罗马军团中领头的百夫长的称呼。这里的"palus"是训练桩的意思，新手很快就会对它熟悉起来。

通常，"第一角斗士"是一名在首份合同期满后再次签约的角斗士。作为一名久战沙场的老将，他可能还会担任指导他人的导师。

第二角斗士（secundus palus）

"第一角斗士"也参与竞技场上的比赛（当他匹配的对手是另一角斗士类型的"第一角斗士"时，看台上必然人满为患）。因

从几场战斗中活下来后，一名角斗士的存款可能足以为自己建造一座葬礼纪念碑了。这名斗士显然为他的家人们留下了舒适的经济条件。

此，大多数学校都有一名"第二角斗士"，以便在"第一角斗士"战死时立刻替代他。

角斗士学校里的这些顶尖斗士都是自愿成为角斗士的人，他们甚至可以在每天收工后回家与妻子和孩子团聚。即便如此，每个人还是会在早上回来，花上几个小时训练，就好像他的生死取决于此一样。因为事实确实如此。

✠ ✠ ✠

欧尔塔和阿斯克勒皮亚底斯为达诺阿斯——她们的丈夫和父亲建立了这座纪念碑。达诺阿斯是色雷斯式斗士［一种角斗士类型，详见第 103 页］的第二角斗士，在第 9 场战斗之后牺牲了。

——小亚细亚基齐库斯的角斗士纪念碑，摘自路易·罗贝尔，
《东方希腊的角斗士》，第 293 页

✠ ✠ ✠

老手（veteres）

这些是至少在竞技场上幸存过一次的角斗士。在对决中获胜和在对决中失败但是被饶不死，这二者是有明显区别的。请记住，大多数战败的角斗士被饶不死的原因是那场对决很精彩，对他们的赦免是一种奖励，因此这类老手并不是被鄙视的对象。

最高两级的角斗士中鲜有被判剑刑的人，因为他们不会活着走出角斗士学校。然而，老手当中有不少这类人。这类角斗士经

常赢，因为他们已经无路可退了，只能战斗。

一个角斗士……最惧怕的对手就是自己没有生存的希望，但仍然可以杀人的人……一个知道自己不会被赦免的人会赤身攻击一个他以前哪怕在全副武装时也不敢直面的对手。

——老塞内卡，《辩论集》，第9卷，第6章

竞技场上的老手们有自己的一套分级制度，而且他们非常引以为豪——他们的级别取决于出场和胜利的次数。举例来说，一个曾经参加过6场比赛，并赢了5场的人，认为自己比在4场比赛中赢了2场的人要优越，尽管对手的质量也是一个衡量因素。一个曾取得多次胜利的角斗士会想办法把这一事迹铭刻在他的墓碑上。

角斗士评分系统的这一方面受到了公众的热烈欢迎。在角斗士每一次出现在竞技场之前，都会有海报宣传谁将参加比赛，以及他们之前的出场和获胜次数。虽然罗马政府不支持投注角斗，但这种博彩在民间还是很有市场的，角斗士先前的表现是影响他的生存或胜利的投注赔率的主要因素之一。

马克西姆斯，战车斗士，来自尤利亚尼角斗士学校。40场战

斗，36 次胜利。

—— 罗马碑文上的一位角斗士老将的记分卡，

《拉丁铭文合集》，第 6 卷，第 33952 条

✚ ✚ ✚

新手（tiro）

这些都是还未上过竞技场、为自己的生命战斗过的角斗士。但即使这些初学者也是彼此有区别的。

新手中级别最高的是奥克托拉图斯，即自愿进入学校的人，尽管实际上，他们并没有多少别的选择。

之后是罪犯（damnati），其下又分为"剑刑"犯和被贬为角斗士的犯人，因为后者有机会得到救赎（见第 6 页）。奥克托拉图斯只有在训练时才会见到他们，因为后者是学校里真正的囚犯，被关在营房里，晚上可能甚至被锁在牢房里。

然而，以个人身份参战的罪犯仍然可以找到自己的鄙视对象，那就是格勒加里乌斯，这些角斗士基本没有价值，以至于他们以团队的形式与另一个团队格斗。格勒加里乌斯内部还会分为"文明人"和蛮族人（后者可能是战俘）。

即使是"第一角斗士"的崇拜者也会认为他身份低贱，因此我们很难想象蛮族格勒加里乌斯会鄙视谁。从社会角度来说，他们是真正的最底层。然而，正如斯多噶派哲学家塞内卡所指出的，即便在这个层级，死亡时表现英勇也能为他们带来一定程度的救

赎和尊重。

✝ ✝ ✝

一个蛮族人把他用于对抗敌人的长矛插进了自己的喉咙。"为
什么我全副武装，却依然要等待死亡和屈辱？"他问道……我们
由此得知，死亡也能比杀戮更值得尊敬。

——塞内卡，《书信集》，第 7 篇，第 26 节

✝ ✝ ✝

对于另一名自尽的蛮族战士，塞内卡在同一封信中评论道：

✝ ✝ ✝

我们不要以为，只有伟大的人才有挣脱奴役的枷锁的勇
气。……当然，这个勇敢的人有权选择自己的死亡，但他若是挥
剑战斗的话会是多么的英勇！

——塞内卡，《书信集》，第 7 篇，第 20 节及其后

✝ ✝ ✝

饮　食

角斗士的饮食的原则是数量胜于质量。受训的角斗士每天都

84

摄入数量惊人的食物。这些食物大部分会被消耗或者变成肌肉，因为正如新手们即将发现的那样，他们即将面临最艰苦的训练制度。曾经治疗过一两名角斗士的盖伦说："他们一直训练，直到筋疲力尽地倒下，然后暴饮暴食，晚餐会进行至午夜之后。"

✝ ✝ ✝

角斗士们正在为一场盛大的比赛做准备，他们的鲜血即将满足观众们对暴力的欲望。他们的身体里塞满了能使他们变得更强壮的食物，四肢也被增加的肌肉和肌腱强化了，所有这些为了杀戮而增重的人在竞技场上可能会在死去之前战斗得更久一些……

——居普良，《致多纳图斯的信》，第 7 节

✝ ✝ ✝

有些食物会转变成脂肪，这不是一件坏事。一层额外的脂肪可以起到缓冲作用，减轻淤青的影响，并增加了刀刃与致命部位之间的距离。脂肪组织不但能保护基本的神经和血管，在被割伤时还会大量出血，但并不会对伤者的整体表现造成太大影响。因此，一名负伤的斗士可以在像一头被宰的猪一样血流如注的同时继续战斗，以这种英雄气概令观众对他产生深刻的好印象。

很少有角斗比赛持续半个小时以上——事实上，有的比赛可能甚至不到一分钟就结束了，因此体重过重一般算不上一个问题

（但最终由于失血而变得虚弱就算了）。罗马人也不认为超重是不健康的，而且，角斗士的预期寿命所面临的威胁可比肥胖紧迫多了。

肉　类

　　尽管早上的斗兽赛留下了大量鲜肉，但角斗士的饮食主要还是素食，因为斗兽赛和角斗一样，都不是经常发生的事件，但角斗士一年四季都需要进食和训练。不过，当他们吃肉时，当中可能会有老虎肉排和炖大象肝脏。

✛　✛　✛

　　［他们——不仅是角斗士，也包括一些普通百姓］会食用来自竞技场的野兽的肉……尽管那头野猪身上沾染的人血刚刚被擦掉，那只雄鹿也沐浴了角斗士的鲜血。他们还特意寻找依然温暖、残存着尚未消化的人肉的熊的胃。

——特土良，《护教学》，第 9 章，第 11 节

✛　✛　✛

大　麦

　　角斗士饮食的主要原料之一是大麦，这对于角斗士的身份不是一个多么婉转的提醒，因为在角斗士学校外面的社会，大麦主要是喂给动物的。大麦营养丰富，但其副作用包括剧烈的肠道蠕动和胀气，因此，在冬天的夜晚，角斗士营房里的空气都

充满着异味。

✛ ✛ ✛

大麦是人类最古老的食物之一，这也体现在角斗士们身上，根据他们的饮食习惯，他们曾被称为"大麦人"。

——老普林尼，《自然史》，第 18 卷，第 14 章

✛ ✛ ✛

果　蔬

训练师充分地明白健康饮食对角斗士冲锋杀敌的重要性，虽然他们可能不清楚什么是维生素，但他们知道，如果不摄入它们，角斗士在竞技场上的表现就会不尽如人意。所以，菜单上肯定会有大量蔬菜，而且大部分都很新鲜。

骨灰和炭化木

骨灰？没错。碳水化合物和蔬菜含量较高的饮食中钙的含量一般较低，而角斗士学校希望斗士们骨骼强健，骨头在受伤时被弄弯，而不是折断。因此，受训的角斗士会被投喂一种特殊的饮品，把他们体内的钙含量提高到一个被后世的考古学家称为"高得离谱"的水平。

总而言之，在这个世界上，有很多人，甚至是角斗士学校以外的一些自由公民，正在死于寒冷、营养不良和缺乏基本的医

疗援助，而现役角斗士们有温暖安全的居住环境，还有与皇帝相同等级的医疗护理（别忘了，角斗士学校的医生盖伦后来成了马可·奥勒留皇帝的私人医生），以及吃不完的食物。没错，他必须出卖自己的身体和灵魂才能获得这一切，但有些人认为这个代价是值得的。

训　练

✦　✦　✦

把自己交给你的训练师，就像一个病人把自己交给他的医生一样。你［的尸体］可能会被扔进壕沟，或者肩膀脱臼，脚踝扭伤，背部被鞭打，并且吃很多土。

——爱比克泰德，《语录》，第 3 卷，第 15 章

✦　✦　✦

角斗士被看作罗马首屈一指的保镖、收债人和强制执行者，并不是没有原因的。这单纯是因为，没有人能像角斗士一样浴血奋战。虽然军队中也有不少令人闻风丧胆的战士，但他们是作为一个作战单位一起训练的，具有被其将领同样重视的其他技能，例如长途负重行军的能力。当涉及一对一的单人格斗时，角斗士基本是不可战胜的，除非他的对手也是一名角斗士。

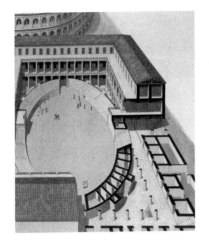

马格努斯角斗士学校的鸟瞰图，背景为弗拉维圆形竞技场（罗马竞技场）。请注意设置在竞技场一侧的训练柱。屋顶还在施工中，因此我们能看到一些房间。入口的台阶通向外面的拉比卡纳大道。

　　角斗士的强大源自他们漫长、艰苦、残忍的训练。在训练开始之前，训练师可能会幸灾乐祸地宣布，他手下的新手中会有一定比例的死亡，而且他们还没有达到他的指标。境况类似的教练们从很久以前就开始使用这种话术了，但在角斗士学校里，他们可能真的不是说说而已。毕竟，角斗士在训练中死亡并不会引起外界的侧目。

第一阶段

　　新手刚到学校时，会接受有经验的评估员的评估。这时给别人留下好印象是至关重要的。无论是身体上还是精神上的弱者，在角斗士学校里都是没有立足之地的，工作人员也不会把时间、食物和专业知识浪费在那些无法坚持下去的人身上。在最坏的情况下，被认为毫无价值的学员可能会被安排和一名有前途的角斗士在竞技场上对决。这对于有潜质的年轻勇士是一项训练，使其适应致命的战斗，并学会第一次杀人。

第二阶段

上文所提到的"训练桩"（palus）基本上就是一根插在地上的木柱，角斗士会花上好几个小时砍劈或击打它。他戴着头盔，手持比标准型号更沉的盾牌，他的剑虽然是木制的，但是经过仔细的加重，使其重量达到了普通剑的两倍。

训练桩对于士兵和角斗士的训练都价值极高。无论是在竞技场上还是战场上，任何一个在武装决斗中英勇善战的胜者都以这种方式用训练桩训练过。

——维盖提乌斯，《论军事》，第 1 卷，第 11 章

虽然角斗士的生死都倚仗于剑，但他们接触真正的刀剑的机会是严格受限的，这也许看起来有点奇怪。剑和同类武器都是被锁起来的，这不仅仅是因为罗马政府对斯巴达克斯和他的伙伴们拿到真刀真枪后带来的灾难记忆犹新。角斗士，尤其是罪犯们，并不是稳定的个体，而且当营房里有斗殴、纠纷和欺凌发生时，

肯定要保证参与者们手上没有锋利的武器。第二阶段的训练有三个基本目的：

学习最基本的攻击和格挡动作　人体有几处易受伤的部位，用剑攻击这些位置的物理手段十分有限，而且每种进攻动作都有与之对应的防守动作，以及反击的可能性。熟知并流畅掌握和运用作战技术，必须成为角斗士的第二天性。

✣　✣　✣

我们可以看到，角斗士的每一个动作，无论是防御格挡还是猛烈攻击，都具有一种优雅的流动性，因此，在战斗中有用的东西也变得很吸引人。

——西塞罗，《论演说家》，第 228 节

✣　✣　✣

锻炼肌肉　正如每个罗马女性都深刻意识到的，角斗士是肉体至上的生物，蛮力对他们来说是一种宝贵的属性。一个水平一般的角斗士也比任何一个普通罗马人强壮好几倍，这只是因为前者每天除了锻炼增肌什么都不干，而普通的罗马人则需要谋生。

✣　✣　✣

在落入拉尼斯塔之手后，许多身材匀称的人反而走了样，在肌肉

过度增长后，变成了负荷了过多血肉的可怕又扭曲的生物。

——盖伦，《关于人文研究的劝勉》，第4章

✚ ✚ ✚

正如盖伦所深知（以及角斗士墓地的考古发掘所证实）的，角斗士的身体肌肉过度发达，已经到了畸形的程度，这给关节和肌腱带来了巨大的负担，在以后的生活中会引发许多身体上的并发症，但角斗士们为了能活得久一点，都愿意接受这一风险。

类型训练评估　在此之前，角斗士的训练还未深入到某个专业类型。事实上，罗马军团的新兵的武器训练也要经过类似的过程。然而，当新手角斗士在自己的训练桩上练了一段时间（这一过程可能会持续几个月）之后，训练师会对他进行评估，以确定最适合他的类型。在一些学校里，新手可能早就被安排了特定的类型，例如，一名技术精湛的资深色雷斯式斗士可能会击败许多萨莫奈式斗士，所以学校必须保证招募了足够的萨莫奈式斗士，随时在需要时上场。

装饰性小雕像，这名角斗士戴的头盔华而不实，是艺术家想象设计出来的。同时，为了使这个小摆件更加稳定，艺术家把左腿上的护具增厚到了完全不真实的程度。

倚剑而生的人到头来也会死于剑下。这个色雷斯式斗士的骨雕是一把剑的手柄。

在比较好的学校里，新手可能会先被安排与不同种类的角斗士进行较量，经过多番这样的测试后再被分配给一位指定的导师，通过训练成长为某一特定的杀敌方式的行家。从这里，角斗士的职业生涯才可以说是真正开始了。

角斗笔记

私有的角斗士团队通常以它的所有者命名，例如，瓦罗名下的角斗士就叫作"瓦罗的角斗士家族"。

✛

在罗马社会中，骑士是第二高的阶层，但在公元前 122 年，政府不得不制定法律阻止他们进入角斗士学校成为角斗士。

✛

庞贝的一位角斗士为自己取名为忒勒福斯，这是享有盛名的赫拉克勒斯的儿子的名字。他最后得以幸存下来，并成了角斗士学校的一名导师，也许是多亏了他这个艺名取得吉利。

✛

一所好的角斗士学校会有一两个按摩师，帮助角斗士们缓解训练后的疼痛和瘀伤所造成的痛苦。

这幅献词描述了一场囊括了斗兽赛、田径运动和公共赠礼的"穆努斯"，观众席上方还有遮阳篷。当地人可能会在这些通知旁边涂鸦。

✦ 5 ✦

打造一名角斗士

决定好你想成为什么样的人，然后成为他。

——爱比克泰德，《手册》，第 33 篇

✦　✦　✦

新手角斗士面临着两个将影响他一生的选择，它们将完全决定他在余下角斗士生涯中的身份。虽然这份职业历史悠久，但并不光荣，这一点从一开始就很清楚。因此，他应该效仿年代更久远，且同样为人所不齿的职业——妓女（在角斗结束后，她们在圆形竞技场外生意异常火爆），在化名的伪装下从事这项见不得人的工作。

角斗士们的头盔在能好好保护他们的头的同时保护他们的脸不被看见，这种设计的原因之一就是他们渴望隐藏身份。一名追击斗士——尼莫出现在竞技场上时，甚至连观众席上与他离得最近，或者与他关系最亲密的人都认不出他就是马库斯·奥维斯·尼禄·法米利埃（有辱家族名声的不孝子）。

观众有时会骂表现不佳的角斗士是逃跑的奴隶，因为奴隶有着缺乏坚定品格的坏名声。对于那些准备从被奴役的火坑跳进竞技场的火坑的人来说，一所一视同仁的角斗士学校确实是一个安全的藏身之处，因为即使在公开表演中，逃亡奴隶的身份也会受到保护。

因此，出于各种原因，角斗士为自己取了，或者被取了形形色色的名字。角斗士所从事的基本算是表演行业，所以拉尼斯塔可能也会青睐他的营销能力。角斗士的匿名意味着，我们根本不知道历史上最著名的角斗士究竟是何许人也，因为斯巴达克斯也是一个假名，是一个色雷斯小镇的名字。

名字：英雄的，讽刺的，浮夸的，或标志性的？

名字的来源有很多。神话就能提供众多素材，比如说，如果一个角斗士喜欢像赫克托耳或埃阿斯一样战斗的话，就可以直接借用他们的名字，虽然借用著名的不会受伤的阿喀琉斯的名字可能不太吉利，但有些角斗士愿意承担这种风险。一位角斗士曾经自称赫耳墨斯，神话中带领亡灵前往冥界的神。赫尔墨斯肯定认可了这位角斗士借用自己的名字的行为，因为角斗士赫耳墨斯非常成功。诗人马提亚尔总是在自己的作品中提到他。

✛ ✛ ✛

赫耳墨斯，这个时代最受欢迎的斗士，

……

赫耳墨斯，精通各种武器，

赫耳墨斯，是角斗士，亦是导师；

赫耳墨斯，飓风一样，角斗士学校的噩梦，

赫耳墨斯，令赫利俄斯惧怕（唯有他能做到），

赫耳墨斯，阿德沃兰在他面前轰然倒塌（唯有他能做到），

……

赫耳墨斯，票贩子的摇钱树，

赫耳墨斯，令他的女性粉丝们狂爱又心碎，

赫耳墨斯，手拿长矛，勇武又骄傲，

赫耳墨斯，用三叉戟震慑天下，

赫耳墨斯，戴着威风凛凛的泥釉彩饰头盔，

赫耳墨斯，一切战争的荣耀，

赫耳墨斯，集世间所有能力于一身，无可取代。

——马提亚尔，《短诗集》，第 5 卷，第 24 首

✝ ✝ ✝

其他一些可以选用的名字（及其含义）包括：

名字	含义
菲利克斯	"快乐"或"幸运"
希拉鲁斯	"开朗的人"
纳西瑟斯	另一位神话人物
亚细亚提库斯	适用于来自小亚细亚的人

名字	含义
萨比努斯	适用于来自意大利萨宾地区的人
尼克弗鲁斯	"胜利的使者"（来自希腊语）
维克托	"尼克弗鲁斯"的拉丁语直译
马克西姆斯	"最伟大的"，适用于认为"维克托"不够直接的人
弗拉玛	"火焰"
库克努斯	"天鹅"
曼苏都	"彬彬有礼的人"，适用于想让名字里有讽刺感觉的人
弗劳	"花朵"（同上）

真正想要隐藏身份的角斗士会选择普通的大众名字，这些名字十分常见，以至于很难被人记住，例如：

瓦莱里乌斯

塞尔吉乌斯

瓦伦斯

塞尔维乌斯

塞尔维利乌斯

使用单名的人通常都是奴隶，因此，即便一些奥克托拉图斯放弃了自己的真实姓名，可能依然会使用一个两节式的名字，比如卢基乌斯·庞培或马库斯·鲁迪利乌斯。有些角斗士甚至用名字来宣扬自己罗马公民的身份，例如马库斯·昆图斯·杜肯尼乌斯，他的墓碑除了炫耀了自己在竞技场上的胜利，还自豪地使用了自己具有罗马特色的三节式名字。

使用单名的人会用自己的专业类型作为自己的第二个名字，并加上角斗士家族的名字以进一步完善自己的身份。因此，以下这幅颂扬"希拉鲁斯·尼禄·十四）十三"的涂鸦清楚地指出了尼禄家族的希拉鲁斯的身份，他从 14 场战斗中幸存了下来，并赢得了其中 13 场。

新手马库斯·阿提利乌斯迎战经验丰富的希拉鲁斯。说不定连阿提利乌斯自己也没想到，胜者是他自己。（他名字下方的"V"显示他是胜者。）

选择类型

一些角斗士类型已经过时了，如高卢或萨莫奈式斗士，但你依然有很多选择。训练师和拉尼斯塔除了为新手们选定名字，还必须决定他们最适合的角色。他们有时甚至会询问新手本人，毕竟自己的决定影响着他们的命运，但这并不是普遍情况。

重装斗士

体格强壮、灵活性（相对）有限的选手可能会成为重装斗士的一员。这是对几种类型的角斗士的统称，确切的名称是"持盾斗士"（scutarii）。这些角斗士在战斗时使用剑和大型盾牌，穿戴

挑战者斗士的小雕像。随着角斗所需的一切装备穿戴就绪——头盔、盾牌和胫甲一起把角斗士面向敌人的身体正面用坚固的铠甲防护了起来。

大量盔甲，包括能挡住整张脸的头盔。现役士兵和退伍士兵尤其对这些类型感兴趣，因为与之相配的装备最接近军团实际使用的装备。由于军团为了让士兵们习惯流血和杀戮而鼓励他们观看角斗，于是士兵们就成了一群目光敏锐的观众，尤其是在行省的圆形竞技场里。重装角斗士的类型包括：

盾牌只用来防守等于浪费了这件武器一半的作用。这是一幅来自日耳曼尼亚的马赛克装饰画，画中的角斗士有力地证明了盾牌作为攻击性武器的杀伤力。

挑战者斗士（provocator）

武器：一把短剑（有时是一把非常非常短的剑）。

盾牌：大型矩形盾，军团盾牌的升级版。

头盔：360 度防护，前方有网格观察孔，以确保穿戴者的视线不受阻。

盔甲：护臂、胫甲和胸甲。

常见对手：另一名挑战者斗士。

海鱼斗士（murmillo）

武器：短剑。

盾牌：大型木制盾牌，椭圆形或矩形。

头盔：覆盖全脸，有独特的顶饰，从某些角度可能看起来像鱼鳍。

盔甲：持剑臂上有护具或护甲，以及胫甲。

常见对手：色雷斯式斗士，但较小的竞技场也可能会安排其与挑战者斗士或网斗士对决（但海鱼斗士的头盔很容易被手抛网勾住，令其处于劣势，因此与网斗士战斗对于他们来说并不公平）。

一名海鱼斗士在决斗结束后鞠躬。

追击斗士（secutor）

武器：短剑和备用匕首。

盾牌：大型木制矩形盾牌。

头盔：覆盖全脸，光滑的卵形，几乎没有能被手抛网勾住的突起部分。

盔甲：持剑臂上有护具或护甲，以及胫甲。

常见对手：网斗士。事实上，追击斗士正是由于经常在竞技场上追赶敏捷的网斗士而得到这个名字的。

一名追击斗士准备干掉一名网斗士。

两名小盾斗士在打量对手的同时摆出了战斗的姿势。

小盾斗士（parmularii）

动作敏捷有时确实有它的好处。轻度装甲斗士能够绕过笨拙的对手，寻找突破口。此外，重装斗士只能使用一把剑，而且这把剑的条件有时也很一般，而轻度装甲斗士则配备了多种能够毁灭对手的武器。小盾斗士的类型包括：

希腊步兵斗士（hoplomachus）

武器：适合戳刺的矛、短剑和匕首。

盾牌：圆形的曲面小盾牌，通常由金属制成，如青铜。

头盔：希腊式，向这一类型角斗士的原型——罗马以前的希腊重装步兵对手致敬。

盔甲：持剑臂和大腿上有衬具或护甲，以及胫甲。

常见对手：海鱼斗士或色雷斯式斗士。

希腊步兵斗士用金属盾牌挡住了萨莫奈式斗士刺向他肩膀的剑，并准备还击。

色雷斯式斗士（Thracian）

武器：色雷斯式弯刀，长约 1 英尺[①]。

盾牌：矩形的曲面小盾牌。

头盔：带有独特的宽边，通常饰有狮鹫（狮鹫是厄运女神，涅墨西斯的同伴）。

盔甲：手臂和大腿戴护具，以及胫甲。

常见对手：海鱼斗士或希腊步兵斗士。

网斗士（retiarius）

武器：三叉戟和手抛网，以及备用匕首。

盾牌：护肩（galerus），一种穿在肩上的铠甲，一部分保护手臂，另一部分向上张开，保护那一侧的颈部。

头盔：没有。

盔甲：不持戟的手臂上有护臂。

常见对手：追击斗士。

骑士（eques）

武器：骑兵长矛和短剑。

盾牌：小型骑兵盾牌。

头盔：旧式的带檐的骑兵式头盔。

在比赛的休息期间，一名网斗士手持一样看起来像卷起的手抛网的东西。

---

① 1 英尺 = 30.48 厘米。

在马背上打斗之后，两个骑士
下马，在地面上完成战斗。

盔甲：右臂上有护具。

常见对手：因为骑士是骑在马上战斗的，所以他们只与骑士对决。然而，在最初的骑马对决部分结束之后，骑士通常会下马，在地面上完成剩下的战斗。

特殊类型

主办方喜欢在赛事上标新立异，因此产生了一些类型罕见的角斗士。他们的优势是，在面对常规类型的角斗士时可以气定神闲，波澜不惊，但对手却不知道他们面前的是何种劲敌。最常见的新类型是：

蒙眼斗士（andabata） 因为蒙眼斗士的头盔没有观察孔，所以他们要在看不见对手的情况下战斗。他们只和其他蒙眼斗士对决，原因显而易见。他们的战斗既致命又滑稽，如果你觉得看上去有意思的话。

双剑斗士（dimachaerus） 此类角斗士双手各持一把剑，不拿盾牌，如果你认为进攻就是最好的防御，那么这种类型会很适合你。

战车斗士（essedarius） 传统的古凯尔特战车斗士，在100年前很流行，但现在已经很少见了。

绳斗士（laquearius） 基本上就是把手抛网换成了套索的网斗士。这种类型非常罕见，可能永远不会真正流行起来。

实用解剖学

医生盖伦说，外科医生最好的学习场所就是战场，但角斗士学校这个第二好的选择也并不比前者差多少。只有在这些地方，医生们才能观察到（至少是暂时）活体的人体构造是如何运作的。对于一名想要活着离开竞技场的角斗士来说，熟悉人体构造对他来说同样很有必要，因为一个伤口位置的几个手指的宽度的偏差就能决定对手是被这个伤口激怒，还是因其死亡。严格的非医学解剖课程包括以下几个方面：

主要器官

思维缜密的角斗士会仔细关注他的剑的长度。事实上，如果角度正确，超过 4 英寸[①] 长的剑刃就能穿透绝大部分的要害器官，就连挑战者斗士的短剑也至少有 8 英寸长。然而，当涉及器官时，"要害"只是一个相对术语，受伤后立刻致人死亡的器官只有心脏和大脑。

人类的自然进化也印证了同样的结论，大脑被颅骨这一坚硬

---

① 1 英寸 = 2.54 厘米。

的"头盔"所武装着，心脏外也有坚固的胸骨，为其提供角斗士的装备故意缺失的保护。（角斗士的盔甲保护他们不受轻伤，但刻意暴露他们的要害部位。）如果想要穿过肋骨刺入敌人的心脏，记住剑刃要横着，否则只有刀尖能穿过肋骨，剑刃的剩余部分会卡在肋骨之间。然而，在肋骨的拱起处，竖着的剑刃也能很容易地到达心脏。同样需要注意的是，对心脏刺得越直、越深，切断脊柱附近的主动脉或腔静脉的可能性就越大。

同样，虽然角斗士的头部有头骨和头盔的双重保护，但从下巴下方的软组织向上的坚实一刺也有可能伤到脑干。

动脉和静脉

同样，人体的自然结构再一次仔细地将这些弱点深深藏在了身体的保护之下，但主要的血管偶尔也会暴露出来。锁骨下的动脉被保护得太好，角斗士不会打它的主意，大多数头盔也会谨慎地护住颈静脉和颈动脉。然而，颈静脉和无名静脉的交界处位于喉咙和胸腔的连接处下方，可以被向下的快速一刺伤到。更危险的是肱动脉和腋血管，把手指放进腋窝就能感受到这些血管中血液的流动，但腋窝处是没法穿盔甲的。

此外，别忘了还有股动脉，它的外部有骨盆的保护，但向内刺敌人的腹股沟就能伤到它。即使你没刺中股动脉，也有机会割开旁边的大隐静脉。请注意，即便一个对手护住了他的主要弱点，一系列的小伤最终也会让他因失血过多而变得虚弱无力，所以只要抓住一切机会割伤对手就行了。

结缔组织

肌肉天生就是适合被糟蹋的构造，因此一般不值当费一番功夫把武器刺进肌肉里，因为进攻者在每次攻击之后容易受到更有针对性的反击。当然，如果你记得捅刺要害器官、切割结缔组织这一规则的话，可能会有所例外。例如，胃底肌本身并不是必要器官，但它们能将肠子保持在固定位置。角斗士们都爱佩戴宽大的金属腰带，以防止胃底肌被割开。这种腰带还意味着，拿着重剑的对手如果想要砍断佩戴者的脊柱的话，就必须瞄准腰带和肋骨之间的狭小空间。

胫甲可以提供一些保护，但是如果对手的膝盖后部被砍伤，并伤及腿筋，他的行动也会慢下来。

总的来说，在训练有素的角斗士眼中，人体就是一团包裹着几个致命弱点的不重要的皮肉。对于角斗士以外的人来说，这其实是个好消息。罗马是一个充满暴力的地方，许多在竞技场外见到角斗士的人通常是被后者警告，务必要想尽一切办法还上债的债务人，或者得罪了角斗士的雇主的人。不过，那些被打得只剩下一口气的人至少可以放心，角斗士都是专业的打手，知道用多大的力气对哪些部位下手不会致命。如果他们确实把人打死了，至少肯定不是意外。

专题一：打造一名挑战者斗士

一名挑战者斗士的装备总共重约 30 磅。对于身材魁梧、体格健壮的斗士来说，问题并不在于这些装备的重量，而是在于头盔、护甲和盾牌严重限制了他的行动和视野。挑战者斗士对他的头盔会尤其迅速地产生又爱又恨的情感。

头 盔

一件出色的护具，能为头部抵挡大部分攻击。由于人类的意识基本位于大脑中眼睛后方约 4 英寸的位置，因此头部受到保护会使角斗士的自信心增强，但这是需要付出一定代价的。

被非人化 一名角斗士戴上头盔后就变成了一台无面的杀人

一件独特的标志性装备，保护佩戴者不被观众认出，且能保护头部，但头盔里很闷热，憋得人喘不过气，其重量也压得脖子很难受。尽管头盔能给佩戴者带来种种好处，但并没有几个角斗士对它说得上喜欢。

机器，这正是设计者的意图。这有助于恫吓对手，但也更容易让别人（甚至是几个小时前刚和你一起喝过酒的人）不把你当成人，从而更心安理得地把你杀死。

狭窄密闭　每个挑战者斗士都知道，一般戴上头盔 5 秒钟后，鼻子边缘就会开始发痒，但又没法挠。但当更严重的情况出现，即汗水流进眼睛里却不能抹走时，这点瘙痒就可以忽略不计了，所以要确保头盔的衬垫选用吸水性良好的材料。

难以呼吸　即使是训练有素的挑战者斗士也会因为佩戴头盔而喘不过气。事实上，受过训练的角斗士反而会更快喘不上气，因为他的身体需要吸入大量的氧气，超过头盔上的气孔所能透入的氧气量。

危险地限制了视野　在较小的竞技场中，挑战者斗士有时可能会与其他类型的角斗士对决。此时，网斗士最喜欢使用的伎俩是把手抛网铺在地上，因为他知道戴着头盔的挑战者斗士看不见脚下的地面。在大型竞技场上，准备充分的挑战者斗士会仔细地确认地面上所有活板门的位置。那些讨厌的东西从来不会与地面完全齐平，有时被一个活板门的边缘绊倒可能真的会要了你的命。

因为视野非常受限，所以挑战者斗士所接受的训练要求他们的目光在任何情况下都不离开对手。许多因为没能做到这一点而丧命的角斗士直到咽气也不知道是什么东西给了他致命一击。紧盯你的对手，剩下的事情就交给你的其他感官。

鉴于以上所有因素，除非非要隐藏身份不可，否则一名挑战者斗士会在角斗之前的最后一刻才戴上头盔，并且战斗结束后的第一件事就是将其摘下。

足　部

尽管挑战者斗士是一个装备相对精良的类型，但他也与其他角斗士一样赤脚作战。只要你曾经穿着凉鞋在沙滩上散过步就会很快明白为什么了。脚跟后面以及脚趾之间的沙子会让人脚下不稳。

挑战者斗士赤脚战斗也是因为他戴着头盔看不见地面，但是可以通过脚趾感受地面的状况。挑战者斗士被训练的接近对手的方式就是单脚依次贴着地面向前滑动，这种步伐有助于保持自己的姿势和平衡，还能探查到潜伏在脚底自己看不见的、险恶的"惊喜"（如铺在地上的手抛网）。

盾　牌

对于戴着蒙面头盔的挑战者斗士来说，盾牌的作用不限于保护身体，甚至超出了一般的辅助性进攻武器。除此之外，盾牌还是一个广告位，你可以在盾牌上展示自己独特的个性，让观众通过它立刻认出你。上下都镶铁边的三层油面橡木或类似的结构是每个好的角斗士学校的盾牌都具有的标准特征。需要挑战者斗士绞尽脑汁的，是盾牌正面的主题和颜色。在理想的情况下，这些图案既能令观众赞叹不已，又能起到震慑对手的作用（或者，由于角斗士一般很难被吓倒，但至少可以用涅墨西斯或别的图案来提醒对手，人终有一死，或者用看守冥界的恶犬刻耳柏洛斯来提醒他离下地狱不远了）。

进攻就是最好的防守 在战斗中拿盾牌不仅仅是为了躲在它后面。把手一般横向位于盾牌后方中央，所以使用者要像提着一个手提箱一样握住盾牌，不同之处是，盾牌的把手是一个需要闭合拳头握住的指节铜套。训练有素的角斗士可以用盾牌以惊人的力度和速度锤击对手，除此之外还有一种"盾击"，即角斗士突然冲向失去平衡的对手，用全身的重量从盾牌后方撞击对方。

利用边缘 一般来说，角斗士不能让盾牌离自己的身体太远，这就是为什么对手会不断试图通过将盾牌从某个角度拉离挑战者

在这里，剑沦落成了次于盾牌的第二进攻性武器。中间的角斗士走到了砸向他的脸的盾牌下方，同时把自己的盾牌狠狠砸向对手的脚趾。

111

意大利诺拉的涂鸦，画的是对决中的角斗士。在身穿托加袍的观众们观看比赛的同时，乐师们（最右）也演奏着振奋人心的音乐。

斗士（网斗士的三叉戟就很适合这么干），以把它"打开"。然而在混战中，偶尔用盾牌边缘（或者盾牌的角，效果会更好）猛击对手的弱点也很有帮助，由此产生了"盾降"攻击法，即与对手贴身肉搏时，猛地下蹲，用盾牌的金属边缘狠砸对手脆弱、裸露的小脚趾。

减轻重量　盾牌很重，而且拿盾的姿势在几分钟后会令角斗士过度发达的二头肌也不堪重负。因此，除非情况危急，最好把盾牌的底部边缘搁在左腿的胫甲上，有的角斗士甚至可以保持左腿在前，以此姿势拖着脚前进，这样对手就只能看到一个盾牌在不可阻挡地向自己靠近，而几乎看不到其后的角斗士。

剑

如果运气好的话，你能拿到一把长约 1.5 英尺的剑。角斗士时刻都在训练剑法，他们训练的目的是对剑尖每时每刻的位置都了如指掌。用短剑战斗和用长剑击剑是完全两回事。双方同时用剑的情况并不常见。

一次戳刺胜过三次砍劈 18英寸可能听起来不长，但是只要你选对了目标，那么只需要将其四分之一的长度捅进对手体内就能要了他的命。如果你的武器足够锋利（许多角斗士喜欢亲自打磨自己的武器），那么仅需轻轻一推，它就能刺进对手身体的大部分区域。（不要捅得太用力，因为刀锋嵌入骨头的话会很难拔出。）因此，快速攻击（在此更接近一系列协调的动作，而不是单次戳刺）是这个时代流行的打法，如果失败了，就退回到防守姿势，等待下一次机会。

现在你明白了 短剑有一个优点，就是很容易被藏在盾牌后，只稍稍露出剑尖，有时甚至能被完全挡住，这样对手就不能确定攻击的角度。紧接着进行闪电攻击，再回到初始位置，就很容易让对手措手不及，内心失去把握。

专题二：打造一名网斗士

网斗士在角斗士学校森严的等级体系中是一个地位不明的异类。对于一些人来说，网斗士是最底层的，因为他在战斗中不佩戴头盔，全场观众都能看见他的脸和耻辱。对于其他人而言，网斗士其实地位更优越，因为他是所有竞技场斗士当中最依赖自己的技巧和勇气来赢取胜利的。有一种理论认为，一个技术平平的追击斗士在10场比赛中有8次能击败一个普通的网斗士，而一个

这张来自一幅西班牙马赛克装饰画的图片显示，一名追击斗士在被网斗士的三叉戟攻击之前，奋力地想从成功罩住自己的手抛网中挣脱。

真正优秀的网斗士则能以同样的领先比例击败一个熟练的追击斗士。（尽管很多追击斗士都不会认同这一观点。）

网斗士的角色也颇受以非专业人士的身份在竞技场上角斗的人的青睐，这些人的目的只是炫耀自己的武力。因为没有头盔，所以战斗中的人的身份一目了然。另一方面，由于网斗士的装备与标准的军用装备相差甚远，所以即便是退伍士兵也必须从头学起。

手抛网

手抛网的问题在于，它在一场战斗中一般只能使用一次。一旦抛出，网斗士就随之失去了一半的进攻能力。如果失手的话，手里仅剩一把三叉戟的半裸斗士就要与全副武装，且士气刚刚提升了的对手一决胜负了。反之，抛得好的话，就能使对手丧失抵抗能力，比赛就此可以算是以网斗士的胜利结束了。因此，训练中的网斗士会花费大量时间来学习如何以及何时进行这生死攸关的一抛。比如说，如果仅仅把手抛网盖到了对手身上，而没有把他彻底缠住的话，就是无效的。

危险的设计 尽管网斗士的装备的灵感源自渔夫的捕鱼工具，但他的三叉戟和手抛网都不适合捕鱼。从多年的经验中，角斗士学校里制作手抛网的工匠们掌握了能够牢牢缠住武器、刀剑或头盔的最佳编织方式，即中间是大孔，周围则是较细的网眼。大孔更容易打结，边上更细的网眼则能加重手抛网的外缘。由于边缘更重，所以手抛网在被抛出时不需要配重就能完全打开。

手腕是关键 正确地抛出手抛网需要灵巧的手臂和手腕动作，经过一种近似圆周运动使它在飞向目标时缓慢旋转，把离心力传递到边缘，从而完全打开。因为手抛网在落下时，不同位置停止旋转的时间各不相同，因此它能把罩住的一切目标牢牢缠起来。一名身经百战的网斗士能够把手抛网从 30 英尺开外扔到目标身上，但这并不是个好用的办法，因为手抛网要花 4 秒才能飞过这段距离——技术高超的追击斗士甚至能够先打个盹，或者和朋友闲聊几句，都有足够的时间躲开。

一投即中 理想的投掷距离因人而异，因此重装斗士在与网斗士对决之前，会被仔细建议采取任何机会研究他的对手的动作。大多数网斗士喜欢把捕网投到仅两三码远的地方，也有的会单手在很近的距离内抛网，把另一只手包在网的褶皱里，这样即便失误，也不会把网丢失。

把网留在手中 一个选择是把手抛网系在绳子上，从而在投掷失误时能将其拉回。然而，这并不是一个好办法，因为绳索会干扰手抛网平稳展开的旋转运动。此外，如果你选择把网抛出一段距离（而不是近距离地把网盖在对手身上），那么它就是一件即发即弃的武器了。大多数追击斗士会在手抛网被抛出后立即发起攻击，如果网斗士只顾着把网拉回来的话，就无暇对付这个更严重的威胁了。

圆满的结局　空空如也的手抛网砸落到沙地上，就意味着网斗士的失败。哪怕手抛网勾住对手的任何部位，都能至少暂时打乱他的节奏。一名优秀的网斗士在手抛网打开时会立即确认并执行进攻方案。最理想的情况就是手抛网把对手的身体和武器都完全包住。一个网斗士若是晚上在睡梦中面带微笑，那他很可能是梦到了自己完成了这样完美的一抛，把对手的头部和短剑牢牢缠在了一起。被困的追击斗士别无选择，只能挣扎地抽出一根手指，乞求观众饶他不死。

三叉戟

网斗士的主要进攻武器。它的三根尖齿（"三叉戟"[tri(三)-dent（牙）] 一词的含义）与渔夫使用的鱼叉完全不同。首先，它的尖齿比较短（4 英寸以上的长度是没必要的），尽管有些网斗士喜欢他的三叉戟中间的那根齿比旁边两根长出一半。其次，尖齿不带倒钩。渔夫的三叉戟有倒钩，是为了避免鱼从末端滑落，但一名网斗士最想避免的情况就是主要攻击武器嵌进对手的大腿中拔不出来。而且，防止三叉戟的尖齿和手抛网缠在一起并没有看上去那么容易，尖齿若是有倒钩的话，就更难把它从网中解开了。

混合多种攻击手法　多样性是网斗士的攻击特点之一。有时他会从上方用三叉戟刺向对手，利用它的长度优势攻击对手的头盔和肩膀。他最主要的目标可能是用三叉戟抓住对手的盾牌顶部，通过把盾牌从对手身体上剥离来"打开"他的防御。从下刺时，他会以对手的持剑的手、躯干和大腿顶部为目标。一名训练有素的网斗士甚至会把三叉戟用作一根铁头棒，挥舞尾部令其充分发挥作用。（然而，三叉戟不同于铁头棒，它缺乏平衡，而且是实心的，其重量使其无法被快速挥动。）在理想的情况下，追击斗士根本想不到他的网斗士对手的下一次攻击会是什么样，或者会从哪个方向来。

绊倒对手　这里有两个技巧。首先，如果追击斗士突然进攻，那么网斗士只需要用三叉戟戳他后面那只脚前方的地面，就能把他绊倒了。

第二种方法则更复杂，需要大量的练习，还有失去三叉戟的风险：朝对手的头盔快速地猛捅几下，迫使他提高警惕，然后迅速向下移动三叉戟，砍向其身前那只脚的脚后跟，再往自己的方向一拉，对手就会马上失去平衡。当他摇摇晃晃，站立不稳的时候，你要在一秒之内再次击打他的头盔（这一次要非常用力），把他打倒在地。或者你也可以尝试用自己的身体撞他，如果成功了，对手就会倒下，且训练有素的网斗士会确保对手再也站不起来。

击破　要打败一名全副武装、四平八稳的追击斗士几乎是不可能的。因此，网斗士需要让他的对手失去平衡，身体失去防护，剑也放到错误的位置。网斗士通过快速戳刺和假动作来打乱对手的阵脚，以及不断改变攻击的角度来达成这一目的。并且，追击斗士的移动能力和视野都比较有限，因此通常早晚都会出现失误。但是要尽量一次性成功，不要指望获得第二次机会。

灵活性和机动性

护肩并不是网斗士的主要防护，他的机动性才是。与全副武装、装备精良的追击斗士贴身近战无异于自寻死路，所以网斗士必须依赖于自己的机动性和计谋。在战斗一开始时，追击斗士会试图瞄准合适的位置，一剑结束战斗，而网斗士要做的就是避开这一剑。比起大多数角斗士，网斗士更能得益于竞技场的形状，因为这里没有墙角，所以他显然不可能会被逼进墙角。战斗持续的时间越长，追击斗士就会越疲倦，当他意识到自己的优势正在逐渐消失时，就会更容易失误。

[注：作者在此特别感谢由涅墨西斯角斗士学校的克尔贝鲁斯（网斗士）和美杜莎（女追击斗士，又名亚历山大和斯维尼娅）分享的实践经验。]

角斗笔记

有一名庞培的角斗士名叫耶稣，可能是犹太人的后裔。

✛

左撇子的人很不适合加入罗马军团服役，但是左撇子的角斗士在面对习惯于与右撇子战斗的对手时更有优势。

✛

别的角斗士一般都是赤膊上阵，而骑士按照传统，身着无袖束腰短袍。

✛

如果三叉戟真的被手抛网缠住了，那么网斗士可能会把这一团乱麻扔给对手，让他来把三叉戟解开。如果网斗士还被允许带一把较小的辅助武器（如匕首），那么这种形势就对他更有利了。

✛

网斗士也可能会通过猛踢对手的盾牌底部来"打开"他的防御，然后当盾牌顶部向前倾斜时，再用三叉戟把它从对手身前扳离。

✛

角斗士的头盔大约是步兵头盔的两倍沉。追击斗士的头盔必须能抵抗三叉戟的冲力，因此会比一般的角斗士头盔更厚更沉。

✛

后世的一位历史学家（阿米阿努斯）将波斯萨珊王朝的步兵描述为"像海鱼斗士那样躲在盾牌后面"，由此能看出，海鱼斗士认为防御就是最好的攻击。

- - - - - - - - - - - - - -

这款海鱼斗士头盔带有传统的"鱼鳍"顶饰。

✛ 6 ✛

竞技场外的角斗士

一个自由人从来都不想要别人的东西，否则他就成了别人的奴隶。

——爱比克泰德，《手册》，第 14 篇

✛ ✛ ✛

虽然角斗士们主要通过在表演和大型比赛中的表现对罗马人的生活产生影响，但这些活动毕竟相对稀少。有许多人（包括生活无聊的富有女性）在角斗士们不训练或不比赛时，为这些健美的男性躯体找到了各种各样的用途。

成为士兵的角斗士

士兵和角斗士之间有密切的联系，毕竟两者都是受过训练的杀手，而观众当中的军人也十分欣赏角斗中的精妙技巧。偶尔在危机时期，角斗士们是有机会成为士兵的。

这乍一看似乎是一个合理的想法，因为指挥官在招募熟练的战士时，如果不考虑收编一群体格极佳，并且花了多年时间磨炼近战格斗技巧的人的话，那就是严重的失职。此外，罗马人有公元前 1 世纪 70 年代末的悲惨回忆，当时，造反的角斗士斯巴达克斯和他的部下连续多年战胜了所有罗马人派来对付他们的正规军。

然而，罗马军团最终还是打败了斯巴达克斯，而且收编角斗士进军团也有一个缺点，在军团中，做一名合格的军人是比战斗更重要的。举个例子，角斗士们习惯了在角斗士学校里被后勤人员伺候。搜寻粮草和做饭对于角斗士来说就像是魔法一样难以掌握，因为他总是希望自己的（大量）食物能在被烹饪好了之后定时送到他的盘子里。角斗士们都很个人主义，既没接受过集体行动的训练，也没有这方面的兴趣，更善于与彼此打斗，而不是共同战斗。事实上，角斗士是很差劲的士兵，也只有在杂乱无章的

受检阅的士兵。在这辉煌的盛况背后，将军有时会有一支由角斗士组成的贴身护卫队帮他维持队伍的秩序。

混战中才所向披靡。

尼禄死于公元 68 年，在之后的内战期间，传记作者普鲁塔克告诉我们，角斗士被用以驻守位于罗马城东南方向约 50 英里的塔拉齐纳镇。他们的经历对于战争时期的角斗士来说很典型。他们忽略了巡逻和放哨这类军事事务，反而整日饮酒作乐，放浪形骸，但是当真正的危险来临，城市被正规军袭击时，角斗士们就成了为数不多的坚守阵地的人，并且"杀敌无数，死得其所"。

也有一种说法称，如塔西佗所言，角斗士是一场战争中"不体面的助手"。收编奴隶或角斗士（反正许多角斗士本来就是奴隶）通常被视为走投无路的标志，并意味着指挥官无法让足够多的体面的罗马公民支持他的战争目标。因此，角斗士通常在内战期间会被收编入军队，因为在这种时候，任何一种战斗技能都是被迫切需要的。一些最著名的例子包括：

公元前 44 年，尤利乌斯·恺撒遇刺后，**德西穆斯·布鲁图斯**在对抗马克·安东尼并成功捍卫穆提纳（Mutina，今摩德纳[Modena]）时手下有大量角斗士兵团。他当时在恺撒被刺杀后，还立刻派自己手下的角斗士为刺杀者们提供了武装支援。这些角斗士中的很多人可能也在这次穆提纳的守城人员当中。

当**屋大维**和**雷必达**与马克·安东尼组成后三头（曾试图以同僚的身份共同统治罗马帝国的三人）时，有角斗士加入了罗马军团和轻型部队的突击队，抵制后三头的统治，并袭击了意大利南部的港口布隆狄西乌姆。

马克·安东尼和他的弟弟**卢基乌斯**经常被他们的死对头西塞罗称为"角斗士"。"我称安东尼为角斗士，在这里是一种羞辱，"这位演说家解释道，"但对于他的弟弟来说，只是字面意思。"（因为据说卢基乌斯在小亚细亚的一场演出中作为角斗士上场了。）当后三头分崩离析时，两兄弟都在与屋大维的斗争中使用了角斗士。

卢基乌斯在试图推翻屋大维在意大利的势力时动用了角斗士，但是失败了。当他被驱逐出罗马时，他的角斗士们在攻占台伯河上游的佩鲁西亚时起到了作用。当屋大维包围这座城市时，史家阿庇安告诉我们："他拥有更精良的远程攻击部队，但卢基乌斯的角斗士在近战方面有更大的优势，给敌人造成了重大伤亡。"正是在这场攻城战中，角斗士几乎改写了历史。屋大维起初冒险地过于接近城墙，角斗士们出人意料地突围出城，差点夺取了罗马帝国未来的奥古斯都的性命。

安东尼在与屋大维交战期间就开始在基齐库斯城招募角斗士了。他难得深谋远虑（也是典型的狂妄）地认为，他需要提前准备一个体面的盛会来庆祝他的最终胜利。然而，安东尼于公元前31年在亚克兴惨败，逃到了埃及，被他征集的角斗士们决定奋力向南，加入他的行列。犹太的希律王派出军队阻止他们（尽管他更出名的事迹是派军队到伯利恒杀死不那么强大的婴儿"敌人"们）。最终，角斗士们放弃了加入罗马军团的承诺，这些原本满怀希望的新兵们被分成了几个小组，被处决了。

皇帝**克劳狄**统治期间出现了角斗士和士兵共同作战的例子，

韦斯巴芗皇帝，公元 70 年的和平恢复者，开辟了弗拉维王朝。角斗士们知道他主要是因为他建造了弗拉维圆形竞技场，全世界有史以来顶级的战斗场地，有数以千计的人和数以万计的猛兽丧命于此。

但当时的敌人并非敌方的军队，而是一场可能会吞噬罗马广场的大火。

　　尼禄死后，内战爆发，在短命的皇帝**奥托**统治期间，角斗士们辉煌地回归了战场。奥托收编了罗马皇家角斗士学校的成员，在公元 69 年率领了 2000 角斗士到北方克雷莫纳附近作战。角斗士们一开始势头大好，粉碎了对方的一支辅助部队。后来，一支水性好的巴塔维亚辅助士兵抓住了正在过河的角斗士们，迅速在其到达对岸之前摧毁了运输工具，也歼灭了角斗士们。

　　坚定而务实的**韦斯巴芗**即位不久后，罗马帝国就回归了和平。角斗士再次被贬回了竞技场战斗。这种情况一直保持着，全都要归功于在接下来的一个世纪里帝国和平的平民生活。

私人聘用的角斗士

✝　✝　✝

他与一群演员和角斗士生活在一起，前者满足了他的淫欲，后者是他罪恶的帮凶。

——西塞罗，《论担任执政官的候选人》，第 3 章

（写给他的弟弟昆图斯，谈论一名政治对手的文章）

✝ ✝ ✝

角斗士会在学校里训练，但并不总是住在那里。布莱苏斯，公元 14 年潘诺尼亚行省的同执政官，在他担任军队指挥官的时候，他的扈从中有角斗士奴隶，在他手下负责惩罚不听话的士兵。即使是在罗马，许多富有的元老院议员和骑士也发现，身边有一两名角斗士是很有用的，他们不光能用极端武力把不受欢迎的请愿者赶走，也能充当该元老的私人教练，因为元老们仍然非常重视自己的武艺。尤利乌斯·恺撒过去的做法与之相反，他安排年轻的角斗士们临时居住在经验丰富的军人家中，敦促他们彼此练习决斗，共同提高本领。当一个家庭的男主人去广场时，他的角斗士会作为保镖跟着他，保护这个受人尊敬的人，也证明他足够富有，有能力为自己配备这种权力的象征。

在和平时期，一名担任保镖的角斗士很可能只是一个肌肉发达的罗马人的打扮，他的束腰短袍里至多穿一件叮当作响的环锁背心。而两个世纪前，在共和国晚期的动荡岁月里，角斗士保镖的打扮则要显眼得多。

护民官**盖乌斯·加图**（小加图的远房亲戚）找来了一群角斗士，西塞罗对他的弟弟表示："他每次出现在公众面前时，他的角

斗士们都全副武装。然而，他负担不起供养他们的费用，因此很难留住他们。"最终，这些角斗士被加图的一个竞争对手收购了，令他懊恼不已。

克劳狄乌斯是西塞罗的死敌。他不仅利用角斗士保护他的人身安全，还用他们保护他的政治野心。当他成功地将西塞罗流放时，公民大会投票表决想召回西塞罗，他借来了他的哥哥阿庇乌斯·克劳狄乌斯的角斗士，利用他们来扰乱大会。我们已经看到，克洛狄乌斯的对手米罗的角斗士胜过了他的角斗士，前者在罗马城外的阿庇亚大道上杀死了克洛狄乌斯（见 41—42 页）。

正如我们之前所看到的，**德西穆斯·布鲁图斯**为他的亲戚马库斯·布鲁图斯提供了角斗士，为刺杀恺撒的行动增援。这些武装的角斗士以准备表演为借口被安置在刺杀地点附近。刺杀之后，他们和"解放者"们一起撤离，保护他们在卡庇托山上的避难所。

帝王们延续了角斗士频繁进出富人宅邸的传统。

尼禄最偏爱角斗士斯庇库鲁斯，他在尼禄处决（可能是真实也可能是想象的）元老院中的敌人时，获得了一些战利品。当罗马厌倦了尼禄这位暴君后，他想让斯庇库鲁斯结束自己的生命，但是后者已经逃跑了，尽管这对他并没有什么好处。他被暴民们抓住了，后者带着一种绝妙的罗马式讽刺意味，在推倒尼禄的雕像时，把他用雕像压死了。

卡利古拉与一名角斗士训练师练习了徒手格斗，据说，当他

在一次决斗中击败了对手后，直接把对方杀死了。显然，这并没有激怒被卡利古拉任命为在日耳曼的保镖的角斗士们。即便当禁卫军背叛皇帝并支持暗杀的阴谋时，这些角斗士们依然对他忠心耿耿。

图密善的角斗士们也很忠诚，但效忠对象是他的首席侍从帕提尼乌斯。据一些记载称，在图密善看起来要打败前来行刺他的刺客时，帕提尼乌斯命令6名角斗士前去干掉他们的皇帝。

角斗士们可能会在一场上流社会的晚宴接近尾声时露面，将餐后刀光剑影的激烈争论转变为真刀真枪的打斗。一般情况下，这些打斗都是表演赛，使用的是木剑或未开刃的武器。任何参与此类活动的人都会获得报酬（而且金

额通常都很可观），所以在理想的情况下，参与者顶多会有一些青紫的瘀伤，吃的苦头并不比他们在角斗士学校中接受异常艰苦的训练时多，而且还有机会享用一顿美味的晚餐。

有钱的好处之一是，很少需要亲自动手。因此，家里没有角斗士的富人也可以聘用角斗士实施自己的计划，但绝对不会亲自出面。举个例子，如果百万富翁塞克斯图斯·内法利乌斯想买下位于他规划的新乡村庄园中间的一个家庭农场，那么他肯定不会直接把几包金子交给当地的角斗士学校，因为他知道，几乎所有发生的事情都被某些家庭的奴隶看在眼里，而这些奴隶可能会被一个过度积极的政务官审问。

相反，塞克斯会把钱包给他的管家，向他解释说，他看这个农场不顺眼，管家就会去找负责定期聘请角斗士参加比赛的人，向他解释这个问题。之后，当一群粗鲁的角斗士把农场主的头打成肉酱，且塞克斯因此受到责难时，他可以表示对这场不幸的"误会"感到惊骇，并提出以非常优厚的价格购买农场，因为农场主已经丧失了工作的能力。

"前三头"之一的克拉苏是一位老派的罗马人，知道如何巧妙地威胁别人，且不被发现。有一次，他正如西塞罗在一封信中向他的朋友阿提库斯所解释的那样，解决了一场复杂的矛盾："老秃子（克拉苏）只让一名奴隶——一名角斗士学校的工作人员代表他出面，就解决了整个问题。"如果克拉苏可以从角斗士学校派出一名工作人员替他出面，那就意味着他也能从同一所学校派遣其他更有说服力的人，这一推论显然也适用于被讨论的其他几方。

角斗士的风流韵事

✝ ✝ ✝

人们认为，尼菲底乌斯（一名王位觊觎者）是他的母亲与角斗士马提阿努斯的儿子，他的母亲因为马提阿努斯的名气而爱上了他。

——普鲁塔克，《加尔巴传》，第9章

✝ ✝ ✝

当元老的妻子，埃皮娅和一名角斗士私奔

到法罗斯岛、尼罗河和臭名昭著的拉古斯城时，

克诺珀斯自己都为我们镇上骇人听闻的品行感到羞愧。

她忘了家庭，忘了丈夫，忘了姊妹，把祖国抛却脑后，

无耻地抛弃了哭泣的孩子，

更不可思议的是，她抛弃了［角斗］比赛。

而吸引埃皮娅的青春魅力是什么呢？

她从他身上看到了什么，以至于让自己成为别人口中的角斗士迷妹？

她亲爱的塞尔吉乌斯有一条……受伤的手臂，极可能会流脓，

他的脸庞因头盔造成疤痕而变得畸形，

总是有恶心的液体从他的眼睛里流到他鼻子的巨大囊肿上。

嘿，但他是一名角斗士！

正是这一点，将这些家伙变成了［神话中的美少年］雅辛托斯。

这就是在她心目中胜过她的孩子、国家、姊妹和丈夫的人。

这种女人爱的是他那能够捅进别人身体里的短剑①。

但是这个塞尔吉乌斯要是被赶出了竞技场，

那么对她来说，他就不会比［她的丈夫］维伊恩托好到哪儿去了。

——尤维纳利斯，《讽刺集》，第 6 篇

✝ ✝ ✝

不管怎样，角斗士都是性感迷人的，但是像尤维纳利斯这样的作家对于许多女性不喜欢诗人富有内涵的敏感，反而喜欢竞技场上的角斗士大汗淋漓的肌肉而深感烦恼。角斗士和他们的拉尼斯塔都很清楚这一点。许多富有的女士雇用角斗士当她们一夜的保镖，必然是想让角斗士与她们超近距离地接触。在佩特罗尼乌斯的《爱情神话》中，女奴克莱西斯是这样酸溜溜地谈论她的"女主人"的："有些人只能和绝对的人中渣渣亲热……竞技场无疑就是他们的好地方。"

---

① 短剑（gladius）一词有双重含义，既指角斗士的武器——罗马短剑，也指阴茎。

女子和角斗士。出于法律原因，我们无法证实这位来自埃及的贵妇与她左边这位肌肉发达、有着低额头的角斗士之间有任何关系。

皇帝克劳迪乌斯的妻子麦瑟琳娜当然也是出现在这种故事中的女士之一，但是如果关于这位淫乱的皇后的传闻是真的，那她的情夫就不一定非要是角斗士了。任何活着的人都能满足她的胃口。比她稍微品味更高雅的女士，包括麦瑟琳娜同时代的执政官库尔提乌斯·鲁富斯的母亲，鲁富斯显然更像他的生父，而不是他母亲名义上的丈夫。史家塔西佗承认，他为鲁富斯母亲"不光彩"的怀孕感到尴尬。"很多人称他为角斗士的儿子。我不想对此撒谎，但事情的真相确实有点不雅。"

现任皇帝康茂德十分痴迷于角斗士，许多罗马人认为，他们不必踏破铁鞋就能找到个中原因。

✝ ✝ ✝

有这样一个故事，可信度颇高，那就是皇帝的儿子和继任者——

康茂德——根本不是他的亲生儿子。他们说他是婚外情的产物。在比较贫困的地区，还有一个更加骇人听闻的故事。福斯蒂娜，［皇帝安敦宁·］毕尤的女儿，［皇帝］马可［·奥勒留］的妻子，看到了一些游行中的角斗士，被其中一人迷得神颠魂倒。……她的丈夫向占卜师请教应该怎么办，他们建议，当福斯蒂娜和那名角斗士颠鸾倒凤的时候，把他杀掉，让他的鲜血洒落她全身，然后她应立即与她的丈夫同房。这解决了福斯蒂娜偷情的问题，但康茂德是天生的角斗士……

——《罗马帝王纪：马克·奥勒留传》，第 19 章

✝ ✝ ✝

虽然这个故事不需要太过当真，但它代表了一个把角斗士与狂野和无节制的性欲联系在一起的流行的概念。（有一尊青铜塑像有趣地反驳了这一说法，它描绘了一名角斗士与自己天生巨大的阴茎搏斗的情形，后者正拱起来攻击他。）角斗士不仅被视为性的象征，他们的血液也具有奇特的力量。在婚礼

安尼娅·加莱里娅·福斯蒂娜，先皇帝马可·奥勒留的妻子。如果人们传的闲话是真的话，那么她私底下就是一个角斗士的狂热粉丝，而且她对竞技场的迷恋严重影响了她儿子、现任皇帝康茂德的发展。

这组来自那不勒斯的青铜小铃铛嘲弄了角斗士和性之间的密切联系。

上，新娘的头发被用长矛分开（一种罗马人自己也很难解释的奇怪习俗）。然而，如果长矛在死去的角斗士的鲜血里浸过的话，这种仪式的效果就会更强，因为这将使妻子对丈夫不离不弃，正如角斗士的鲜血紧紧沾在长矛上一样。

当以性为目的被出租时，如果价格合适，那么角斗士就会欣然前往。他们对于自己的身体几乎没有发言权，只能任其被物化并被用作淫乱的泄欲工具。但总的来说，他们是完全支持这种做法的，并认为这是这份工作的一大福利。

✝ ✝ ✝

色雷斯式斗士凯拉都斯，三次获胜，三次加冕，让少女们神魂颠倒。

（《拉丁铭文合集》，第 4 卷，第 4397 条）

克勒斯肯斯，在夜晚捕获少女［的芳心］的网斗士。

（《拉丁铭文合集》，第 4 卷，第 4356 条）

——庞贝城角斗士的涂鸦，夸耀他们的性能力

✝ ✝ ✝

这幅来自卡拉卡拉浴场的马赛克装饰画展示了一位裸体的胜利者，他手持象征胜利的棕榈叶，头戴着桂冠。他手里举着一顶正式的桂冠，可能是金制或银制的，是一份更持久的纪念物。

　　诗人奥维德在《爱的艺术》中警告女孩们，不要在盛大的比赛之前和一名角斗士谈情说爱，大概是因为，意中人可能会在竞技场上别的角斗士的面前相形见绌。然而，并不只有女性才把情欲和角斗士的流血联系在一起，因为比赛结束后，竞技场外的拱门（fornix）下的妓女们生意火爆，以至于后来的"通奸"（fornicate）一词就是由此而来的。

　　许多角斗士的生活中除了暴力，就只剩下机械的性爱偶尔为之增添乐趣了。尽管如此，有哲思的人可以考虑到任何一处墓地里溜达溜达，并留意有多少专情的妻子立下墓碑纪念她们在角斗士学校中朝九晚五地训练完，又回家吃晚饭，扮演好父亲角色的资深角斗士丈夫。

　　角斗士这份工作其实和其他许多职业在很多方面都是很相似的。

✝ ✝ ✝

维耶纳的卢基乌斯·庞培乌斯是一名网斗士。在他作为胜利者摘取了 9 次桂冠后，在 25 岁时被杀了。他的妻子奥普塔塔用自己的积蓄为丈夫建立了这座纪念碑。

——一名死去的角斗士的葬礼铭文，来自高卢的内毛苏斯殖民地

✝ ✝ ✝

不列颠的角斗士卢基乌斯在这块陶器上为他的心上人莉迪亚刻的字。现在它已证明了自己确实是一个恒久的纪念物。

女子角斗士

女子角斗士分为两类：久经沙场的专业斗士和想成为斗士的模仿者。竞技场的魅力吸引的不仅仅是罗马家庭中的男性。在尤维纳利斯谴责埃皮娅与角斗士私奔的同一首诗中，他同样严厉谴责了那些想要成为角斗士的女性。

✝ ✝ ✝

我不必告诉你这些女人用的运动员披风和摔跤手的擦剂，

我们都见过她们当中的一个对着训练桩猛击，

用剑刺穿它，用盾牌锤击它，按照教程完成一切……

也许，她确实培养了把自己的技能应用于竞技场的雄心壮志。

你不能从一个戴着头盔的女人身上指望谦逊。

她违背了自己的性别，并以力量的表演为乐。

（但她太了解做女人的快乐了，所以并不想成为一个男人）

✝ ✝ ✝

这个女人觉得最轻薄的夏装穿起来都太热了，

她细腻的肌肤能被最轻盈的丝绸内衣刺激到。

但是看看她胯部上粗糙的裹布，

她穿着它，气喘吁吁、咕哝着做着规定的练习时，

头部因头盔的重量而低垂着。

当她放下武器，蹲下来如厕时，

是多么的可笑啊！

——尤维纳利斯，《讽刺集》，第 6 篇

✝ ✝ ✝

虽然角斗士表面上处于社会的最底层，但是竞技场上大型角斗表演的奇妙魅力会令富有的骑士和元老的孩子们也想尝试体验一番。明智的帝王反复颁布法令禁止这些阶层的人员进入竞技场，但是在昏君的统治下，即便是女性也有机会参加角斗表演。例如，在尼禄统治时期，可能是在他于公元 63 年举办的比赛中：

137

　　尽管尤维纳利斯会让我们相信，每一个上流社会的家庭都有一两名偷偷想成为阿玛宗女战士的女性，但其实女子角斗士是非常稀少的，不但在元老家族中很罕见，在职业角斗士的行列中也不常见，但她们确实是存在的，并且她们在任何大型比赛的亮相都绝对能吸引大批观众，尽管观众里的妇人们总是会低声抱怨这一切多么可耻。女子角斗士与罗马人所理解的女性气质相悖，这必然就是她们在比赛中吸睛无数的原因。这正是赛会的本质——向人们展示奇异的、与他们单调的日常生活完全不一样的东西。

　　要知道，职业的女子角斗士是剑术过人的。她们的打斗不同于杂耍表演，例如侏儒斗士，或者在战斗中场扮演小丑的滑稽斗士（paegniarii），后者的主要作用是在正常杀戮中途提供一些轻松的娱乐。相反，女子角斗士在比赛中出现的时间是下午中间或晚些时候，是正式角斗比赛上演的时段。

　　女子角斗士在竞技场上的战斗方式与男子角斗士大同小异，但自哈德良统治时期起，在没有正当理由的情况下将奴隶或女奴卖给拉尼斯塔就是违法的了。然而，这种"正当的理由"有时也是能被找到的，因为女角斗士在罗马和各个行省都出现过。现在游客们也能在奥斯提亚看到由市议会官员霍斯蒂利安努斯设立的一处铭文，他自豪地宣布了自己在奥斯提亚"举办首次有女性执剑［的表演］"的成就。

　　奥古斯都皇帝对自己的风流韵事不加约束，在公共道德上却假装正经，公元11年，他颁布了一项法令，试图限制角斗士的数量，禁止20岁以下的角斗士进入竞技场。这一限制管束的范围被认为太窄了，奥古斯都之后的提比略皇帝在公元19年扩大了约束的群体，禁止任何来自元老阶层和骑士阶层，其实就是所有

阿玛宗和阿基利娅为"女杀手"一词赋予了全新的含义。从小亚细亚的哈利卡那索斯的这幅浮雕中可以看到,这些斗士没戴头盔,但由于大多数观众都是通过头盔辨认角斗士,所以它们出现在了浮雕底部。

社会地位足够高、有权坐在竞技场前排的家庭的女性作为角斗士上场。

如果这项立法的目的是全面禁止女子角斗士,那么它并不成功。女子角斗士虽然说不上常见,但至少各地都有那么几个。例如,在小亚细亚,人们可以看到哈利卡那索斯的人民为了纪念他们的两名角斗士——阿玛宗和阿基利娅而建造的浮雕,她们在竞技场上表现出色,都获得了赦免,或者说得到了竞技场上的缓刑(见第81—82页)。

就连皇帝图密善(公元81—96年在位)也很喜欢观看女子角斗士的打斗。他的传记作家苏埃托尼乌斯告诉我们,他喜欢用火把装饰竞技场(角斗士当然不会喜欢,因为闪烁的光影会让他们更难判断敌人身体或剑的移动)。苏埃托尼乌斯说,图密善喜欢安排"女子和侏儒与彼此对打",但我们很难判断他的意思是指女子对侏儒,还是侏儒对侏儒,或者女子对女子的分别打斗。第一种不太可能,因为体格健全的人,无论男女,在臂展和力量方面都具有很大的优势。

女子角斗士所面临的主要问题之一,很可能是能否找到一所能够接纳她的角斗士学校。拉尼斯塔毕竟都是罗马男性,会受当时的社会情绪影响,认为女性

在竞技场上战斗对自然和道德是一种冒犯。还有一些实际的问题，比如女性群体该怎么适应角斗士学校纯男性的环境，更不用说角斗士自己所需要的心理调整了。除了加剧学校里的性紧张（学校里本来就已经有很多其他类型的压力了），你能想象要是一名女角斗士比男角斗士表现得更好，会对士气产生什么影响吗？

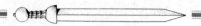

✞ **7** ✞

角斗前的准备

当每天都有人在你眼前死去时，你就会学会知足。

——爱比克泰德，《手册》，第 21 篇

✞ ✞ ✞

比赛举办的时间

人们经常误以为角斗是在国家出资的公共庆典上举办的。罗马赛会本身，尤其是"戏剧赛会"（ludi scaenici），是关于田径和艺术的（但在 5 月初的福罗拉丽亚节上，不难找到一场精彩的狂欢）。大多数节庆都有为期数天的战车竞赛，这种竞赛对参赛者来说可能是惊悚且致命的，但角斗比赛通常不会出现在此类场合中。无论是孝顺的儿子为了纪念先父（这是在共和国时期常见的理由），还是乐于行善的领导人送给人民的礼物，国家都把角斗视为私人事务。在罗马，举办大型角斗活动的权利是受皇帝严格限制的，但是需要角斗士大显身手的场合也是经常有的。

在战车赛道上上演的戏剧。在大众的想法中，只有大竞技场上的战车竞赛才能与角斗相媲美。但与后者不同的是，战车竞赛是大多数官方节庆的一部分。

✝ ✝ ✝

每个人都在议论一个名叫德摩卡莱斯的人［希腊的普拉蒂亚人］，他正在举办一场角斗士演出。他是一个进入了上流社会的人，凭借自己的财富和慷慨，为大众呈现了与他的地位相称的精彩盛会。

——佩特罗尼乌斯，《爱情神话》，第 4 节，第 13 行

✝ ✝ ✝

农神节（Saturnalia）

非角斗士节日中的例外是农神节，这是一个奇怪的在隆冬举办的庆典，以饮酒、施善、馈赠礼物和角斗士互相残杀为特色。因为这是一年当中角斗士们肯定会参与战斗的时刻，所以大多数角斗士对这个欢乐的季节怀有矛盾的情感。

私人穆努斯

角斗士总是致力于把自己保持在一个良好的竞技状态。很多人都不安地意识到，只在 12 月参加农神节上的比赛的角斗士很可能不够有优势，活不到来年 1 月，所以常常有角斗士缠着自己的拉尼斯塔，让他安排自己参加额外的比赛，最好是对阵水平比自己低的对手。投入低于 3 万塞斯特提乌斯的比赛被称为"阿西佛拉纳穆努斯"（munera assiforana，详见第 147 页）。我们将会看到，如果角斗士在这样的小型比赛中被杀死，那么拉尼斯塔是不会得到多少补偿的，因此他很希望他的角斗士们能够在这种比赛中存活下来。事实上，在这样的比赛中，参赛者一般都使用没开刃的武器。

皇家赛会

皇帝可能会决定在"官方"节日的一开始或结束前加上角斗项目，一般的借口是罗马军队在帝国遥远的边境上的某个地方又取得了一次胜利。如果皇帝本人离开了罗马城，尤其是因为军事

角斗士上场之前的活动。这段雕带描绘了各种类型的专业赛事（跑步、摔跤、掷铁饼），这些通常是罗马节日上的传统体育项目。角斗项目可能会作为节日的高潮被加入（但严格来说是和节日本身分开的）。

行动的话，那么一般会举办庆祝他归来的赛会，要么是为了纪念成功，要么是为了让人们摆脱失败的阴影。

事实上，皇帝可以决定在任何有利于他的政治目的的时候举办赛会，因为这些赛会都会提升他的人气。每位皇帝都希望尽可能地受到民众拥护，因为正如尼禄和图密善的例子所印证的，一位不得民心的皇帝可能活得还不如一名角斗士长。

✠ ✠ ✠

曾经决定谁将当选最高级别的政务官、谁将得到军团的指挥权以及其他一切的人民，现在却退化到只会焦急地等待收到两样东西——面包和竞技。

——尤维纳利斯，《讽刺集》，第 10 篇，第 77 行及其后

✠ ✠ ✠

皇室宗教

在罗马城外，皇室宗教的祭司是角斗士的主要雇主之一。他们需要以皇帝的名义举办赛会，并且规模要尽可能宏大，因为寒碜的比赛对举办者会造成不良的影响，别人还会将其视为他对皇帝有不满的表现。

罗马赛会（ludi romani）

角斗士们最喜欢的比赛时间就是罗马赛会举办的时段——9

月上旬到 9 月中旬。这些比赛总是带有某种军事色彩。在罗马历史的早期，在战场上处境险恶的将军，或者在不利的情况下发动了战役的将领，都会提出举办赛会感谢帮助自己取得胜利的神祇。战神节标志着作战季的正式结束，而 9 月之后就是战神节。一般在这个时候，凯旋的将军会带着一大群俘虏回到罗马，并且满脑子想的都是杀死这些俘虏的新奇方法，以此娱乐人民，让他们在接下来的选举中为他投票。这一传统延续到了罗马帝国时期，作为在官方节日中加入角斗项目的借口。

赛前事务

赛事成本

✝ ✝ ✝

拉尼斯塔应该被警告，他们无权如此不道德地牟取暴利……

——《马可·奥勒留皇帝的法令》，《拉丁铭文合集》，

第 2 卷，第 6278 条

✝ ✝ ✝

一场角斗赛事确认要举办之后，社会地位极高的举办者自然不会直接去与那些名声不好的人（因法米斯），如拉尼斯塔，打交道，而是会有中间人在比赛宣布之前，就被元老阶层的人士派去

和角斗士学校协商，会有多少组角斗士上场打斗，可能还会就多少角斗士将死在竞技场上达成粗略的协议。

这一点是很重要的，因为对于举办者而言，角斗士只是比赛的一个方面，他们还要找来尽可能有野性和来自异国的猛兽，并为因犯设计新奇且残忍的死刑，而且要安排乐师、舞者、杂技演员、扔给观众们的礼物，以及上述所有的费用。角斗士的费用中包含了超过 20％的国税，需要由拉尼斯塔从自己收到的角斗士的费用中扣除。拉尼斯塔也需向他的角斗士支付他所收到的这笔收

狮子、老虎、熊……这幅公元 1 世纪的浮雕临摹画描绘了斗兽士和各种各样的野兽搏斗的场面。请注意他们不挡脸的头盔和精心定制的盾牌。

▲ 一场在碎石地上进行的练习赛，因此两名角斗士作战时都穿着轻便的靴子。在竞技场的沙地上，沙子会钻进靴子，并迅速地从单纯的难受发展成可能致命的干扰。

▲ 一名色雷斯式斗士拿着他特有的弯刀，戴着饰有狮鹫的头盔，在竞技场的沙地上对阵一名挑战者斗士。请注意，色雷斯式斗士虽然通常比对手更灵活，但还是选择在战斗中给双腿都戴上了护具。

◀ 一名海鱼斗士单膝跪地休息。他们用的剑有数磅重，即便是角斗士肌肉发达的手臂也会很快感到酸胀。

▶ 希腊步兵斗士鲁富斯发起了进攻。这名"希腊式"斗士的装备和作战技术与以前的希腊重装步兵相去甚远，就像网斗士与他可能模仿了的渔夫一样毫无关系。

◀ 来到这里的你们，都放弃希望
吧。一名海鱼斗士守卫在普埃
托里的竞技场的入口处。如果
有权势的人士需要的话，角斗
士有时也会在竞技场之外被雇
用为打手。

▶ 挑战者斗士美杜莎轻轻地用
剑的侧面敲打她装饰华丽的
盾牌，准备战斗。由于戴着
头盔，观众认不出她，所以
她依赖于她的盾牌向粉丝们
表明自己的身份。

▲ 皇家角斗士学校的学员在弗拉维圆形竞技场表演，而其他巡回全国的角斗士则在城墙外临时搭建的竞技场里为数量较少的观众表演。

▶ 凯隆结束了一名重伤者的性命。一般来说，垂死的角斗士会被送进医院并得到精心的治疗，而被判剑刑的暴力罪犯是享受不到这种关照的。

◀ 追击斗士奥达克斯摆出威胁的姿势，胸前沾满了（别人的）鲜血。人们可能会好奇，他的盾牌上装饰的每个小三叉戟是不是分别代表一名被他打败的网斗士。

▼ 在入迷的观众面前展开的一场海鱼斗士决斗。观众当中的行家们会争论决斗中的技术，比如护臂和更易弯曲的护具哪个更优。

▲ 网斗士对阵追击斗士，看台上人山人海。注意追击斗士的宽腰带，既能支撑腰部，又能保护内脏和脊柱下部。他的盾牌的质量很高，是每个普通军团士兵都梦寐以求的。

▶ 首席裁判仔细地看着这两位角斗士的交锋。如果战斗必须因某种原因而停下，那么他的职责就是站到两把锋利的剑之间，让两个极度兴奋并且危险的人放过彼此的喉咙。

◀ 网斗士亚历山大准备迎接进攻的对手。注意他是如何把护肩转到前面，以获得最大程度的保护，同时把手抛网狡猾地扫过戴头盔的色雷斯式斗士的视野下方的草地的。

▼ 女性练习角斗。虽然她们没有穿戴角斗士的装备，但很明显，对角斗士的狂热并不仅限于男性。即使是贵族女性，偶尔也会在家里舒适和私密的环境里练习一点剑术。

入的一部分，即便是奴隶，也有权获得自己租赁收入的20％左右。自由的奥克托拉图斯的所得则取决于他在签约时的谈判情况。

在行省，皇帝的祭司可以通过把参加皇家赛会的角斗士家族收为己有来削减开支，然后让这些角斗士到别的地方去参加比赛，收回成本，最后在离任时把他们卖给他的继任者。

调控公众对将会举办的赛会的期待是很重要的，因为观众可能会对一场他们本来期望不高的精彩比赛做出热烈的回应，但同样一场比赛，如果先前被吹成了有生之年绝无仅有的刺激表演，那么可能反而会被观众喝倒彩。所以比赛被分成了四个等级，其基本前提是，花的钱越多，表演就越精彩。所以，有相对便宜的阿西佛拉纳穆努斯，这是一种普通的日常表演，对于一个中小型的行省城镇来说已经足够了，但罗马的普通公民会觉得没什么看头。在此基础上，比赛从低到高的规格依次为：

四级　成本最高达6万塞斯特提乌斯的一般规模表演

三级　成本最高达10万塞斯特提乌斯的高档表演

二级　成本最高达15万塞斯特提乌斯的盛大表演

一级　不遗余力、掏空腰包的成本达20万塞斯特提乌斯或以上的顶级豪华表演

（作为粗略的参考，一个半熟练工人一辈子的薪水约为1.5万塞斯特提乌斯。）

角斗士的身价

既然我们在讨论数字，那就再来看看主宰角斗士生命的两个数值——他的时间和价值。哲学家会告诉你，没有人能给一个人的生命标价，或预知一个人会活多久。拉尼斯塔可能不会同意。大多数角斗士的签约期为 4 至 5 年，或者终生，取决于哪个更短，一名有手段的拉尼斯塔通常能够根据最有利的情况而缩短他的角斗士的寿命。

至于角斗士的生命的价格，角斗士学校的工作人员们已经把每个人所值的金额计算得精确到个位数了。这样做是因为，举办者会把每一名在比赛中遇难的角斗士的价格支付给拉尼斯塔。这些价格在公元 177 年颁布的一项皇家法令中都是固定的。该表如下所示：

角斗士的身价（单位：塞斯特提乌斯）

遇难角斗士级别	一般规模表演	高档表演	盛大表演	顶级表演
一级				15 000
二级			12 000	12 000
三级			10 000	9 000
四级		8 000	8 000	7 000
五级		6 000	6 000	6 000
六级	5 000	5 000	5 000	
七级	4 000			
八级	3 000			

因此，如果一名一流的角斗士在顶级赛事中丧生，举办者要花费 1.5 万塞斯特提乌斯，而一名级别最低的角斗士在一场小型赛事中死去仅需花费 3000 塞斯特提乌斯。请注意，这里给出的价格是最高价，举办者能和拉尼斯塔杀价，让角斗士以更低的代价在赛场上死掉。如果拉尼斯塔不肯让步，那么举办者可能会坚持让角斗士在比赛期间每人参加多场比赛。1000 塞斯特提乌斯是一名格勒加里乌斯的最高价格，他们是群体作战的半熟练角斗士，一般是战俘。由于这些斗士不怎么需要训练，因此，如此低的价格也能为拉尼斯塔赚取利润。

一名活了三年半的角斗士在行业中是相当出色的，因此级别很高，在角斗中被杀的话价格不菲。但这位角斗士也可能即将带着他的全部价值从角斗士学校和角斗生涯退役。谁都明白，对拉尼斯塔而言，这样的一个人死在角斗中能比幸存和退役创造更多的价值。大多数角斗士都明白这一点。因此，临近退役的资深角斗士必定非常关心他的最后一场比赛的结果。

如果举办者想请一名已经退役、但其名声依然能吸引大量观众的角斗士出山，那么协商他重返竞技场的金额就没有上限了。

一旦商定了金额，这笔款项将暂存在一名银行家那里。因为角斗士是本着"破坏了就付钱"的原则被雇用的，所以大多数举办者手下都有最好的医生，尽力拯救受伤的角斗士，也是拯救他们自己濒临破产的银行账户，以此为自己节省开支。举办者还可能会在一有受伤的迹象出现时就强行叫停战斗。无论这些行为的动机如何，这些被惦记着生命安全的角斗士自己是很有安全感的。

门票价格

在很大程度上取决于举办赛会的人的动机：

投机商就是为了赚钱。这些人会从法庭上购买死刑犯，就为了在演出上以花里胡哨的方式杀死他们。他们会精确计算每个角斗士的每一道刺伤值多少钱，并据此制定观众席上不同席位的价格。

举办赛会是**皇家祭司们**的职责之一，但即使举办一场一般规模的比赛，对普通行省贵族的钱包来说也是不小的冲击。因此，这些举办者也会希望在门票上收取尽可能多的费用。

想竞选公职的人希望展示他们慷慨大方的一面，因此很可能会把票价压得很低，或者干脆免费。

皇帝们经常如此慷慨，因为尽管他们已经坐到最有权势的位置了，但只有好好活着才能尽情享受这些权势，所以维持民众的支持是至关重要的。

然而，尽管皇帝或有政治抱负的政务官免费发放了比赛的门票，但观众并不一定就能免费入场，毕竟城里的人口数量比竞技场里的座位要多得多，所以被后来的经济学家称为"二手市场"的经济模式迅速发展了起来，人们可以用现金或人情换门票。如果即将举办的比赛看起来十分盛大恢宏，那么这个市场就会很快变得非常热闹。

庞贝的营造官（市政官员）宣布，一个角斗士家族将在竞技场展开对决。一场斗兽赛也被提上了日程。"et velae erunt"意为现场"将有遮阳篷"，观众不必在炎炎烈日下被暴晒。

广 告

无论举办人的动机是什么，他们都希望能吸引观众，所以会聘请宣传人员向公众广而告之活动的消息。有这样几种不同的方式：

口头传达 在其他戏剧或体育赛事中，甚至在广场上，由公告员宣布。

制作海报 公布活动的日程安排，钉在酒馆和集市的墙上。这些海报前很快就会聚集一小拨围观人群，识字的人会向那些不识字的人解释举办者即将为他们献上什么精彩好戏。

雇人把节目安排写在墙上 他们会找一面最显眼的墙，并详细介绍谁会和谁展开什么样的打斗。

角斗俱乐部

马库斯·麦索尼乌斯在 5 月 2 日举办了他的第一场角斗表演。

✛ ✛ ✛

届时将会有色雷斯式斗士对阵海鱼斗士，[一人]来自尼禄学校，

取得过两次胜利，对阵底格里斯，尼禄学校［的角斗士］，

取得过一次胜利。［还有一人］来自尼禄学校，取得过三次胜利，

且有一次在未战败时被赦免［即这场战斗被叫停了］。

　　担任投机商的是69场战斗的胜利者。将有希腊步兵斗士对阵

海鱼斗士……

　　　　——庞贝的角斗表演节目单，《拉丁铭文合集》，第4卷，第2508条

（该目录剩余内容描述了约12场即将展开的角斗表演）

＋　＋　＋

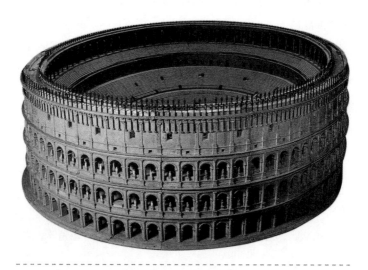

从罗马的埃斯奎利诺山上看到的弗拉维圆形竞技场。这是史上最高规格的
角斗竞技场，离各个角斗士学校都很近，角斗士们可以通过专门为其学校
建造的地下通道进入竞技场。

比赛场馆

几乎任何有罗马人的地方都有偶尔举办的角斗士格斗。但到了公元 180 年，世界各处的竞技场基本上都是模仿一个场馆建造的了，一个所有角斗士都幻想站上的竞技场——世界上最伟大的角斗场地，也可能是地球上浸染了最多鲜血的地方——弗拉维圆形竞技场，即罗马竞技场。

孟菲斯不再吹嘘它那令人叹为观止的金字塔，亚述也不再夸耀巴比伦……卡里亚人不再把他们的陵墓吹上天。一切都在恺撒的圆形竞技场面前自惭形秽，这座杰作取代了万物之名。

——马提亚尔，《论盛会》，第 1 节

这座宏伟、令人敬畏的建筑本身其实并不叫"科洛西姆"（Colosseum）。弗拉维圆形竞技场（它的正式名字）位于科洛西姆内，后者指的是位于卡伊利乌斯山和埃斯奎利诺山之间的整片谷地区域。以这块地区命名的太阳神赫利俄斯巨大的铜像矗立在弗拉维圆形竞技场旁边，大多数罗马人都简称它为"圆形竞技场"。

这座巨像有 120 英尺高，是尼禄华丽的金宫为数不多的遗迹之一。就像金宫本身一样，这座巨大的雕像显示了这位暴君极度的自恋，而且在本来的计划中，它应该是尼禄自己的雕像。尼禄死后，他的继任者，务实的韦斯巴芗，拆毁了整座建筑，"把罗马还给罗马自己"，并在一个风景秀丽的湖泊的原址上建造了他的圆形竞技场。尼禄的雕像被迅速改造成了太阳神赫利俄斯，但有传言称，康茂德曾打算把它改造成第三个身份，即"角斗士康茂德"。

✝ ✝ ✝

那里原来有一个似乎像一小片海那么大的湖，周围环绕着像城市一样大的建筑物，湖的另一边是葡萄园、树林和牧场，里面有各种各样的家畜和野兽。

——苏埃托尼乌斯，《尼禄传》，第 31 章

（描述了尼禄梦想的田园景色，这个湖后来被罗马竞技场取代了）

✝ ✝ ✝

无论尼禄的金宫的其余部分多么震撼人心，在取代它的那座高耸雄伟的建筑面前，都会变得黯淡无光。即便在 2000 年后，罗马竞技场也依然是世界上辨识度最高的建筑之一，是罗马力量的标志性象征。

在罗马竞技场上拼杀的角斗士一般是隔壁皇家角斗士学校的学员，周围黑压压的观众是他日常生活背景的一部分。但让我们先走

出角斗士学校，站在汗泉（Meta Sudans，该地区的另一个地标性的建筑）清凉的水雾中，像第一次见到圆形竞技场一样端详它。

从这个距离看罗马竞技场，与其说它是一座建筑，不如说是一道多层的弧形石头悬崖。它采用的石料是洞石，在夏日的阳光下几乎呈现淡蜜色。你必须仰头才能看到位于160英尺高空的顶层，上面杆子上的旗帜与罗马蔚蓝的天空相映成趣。最高层的窗户之间悬挂着彩绘的盾牌（clipea），下面是三层被阴影覆盖的拱门，每一层分别运用了不同的古典建筑柱式，底层是多立克柱式，第二层是爱奥尼柱式，第三层是科林斯柱式。

每一层都由拱门的80个柱列围成了一圈，底层的拱门是入口，每扇门上都标有数字，想进入圆形竞技场观看比赛的人必须到与门票上的数字相对应的大门接受检票。拱门上装饰着五颜六色的浅浮雕。

当你在它周围漫步时，它的体积之巨大会变得越来越明显。这座建筑有一个城市街区那么大，最长处达650英尺，占地6英亩①。尽管这件杰作看起来完全是用石头建造的，但建造者其实在内部走廊中使用了

弗拉维圆形竞技场当年给一个人留下了极为深刻的印象，以至于他把这幅简略的图像刻在了自己的坟墓上。

① 1英亩约等于24 281平方米。

大量混凝土，将其隐藏在了红白相间的涂料或大理石表面下。

建筑周围的路面也是用洞石铺的，在大型比赛当天，其上会设栏杆疏导人群。汗泉是一个繁忙的十字路口，是罗马城的四个行政分区的交界处。城里人是很容易认出来的，他们忙于为自己的日常事务奔波，对这座世界上最伟大的建筑之一熟视无睹。一些游客是专门为赛会而来的，手里拿着皇帝将会出席的角斗比赛的宝贵门票，也很容易辨认。很多人会提前来寻找去往能通往他们的座位的具体大门的最佳路线。（要是在成千上万的观众匆忙聚集在圆形竞技场里的时候发现自己走错了可就麻烦了。）但很多人即便已经来侦察过一次环境了，还是会忍不住驻足，惊叹于罗马竞技场的宏伟。

建造这座近 10 年才斥巨资完成的辉煌建筑只有一个目的，那就是让人类和动物在其中战斗并死去，并且让他们的鲜血和痛苦尽可能地被聚集在巧妙排列的座位上的观众们尽收眼底。难怪在之后更文雅的时代，作家狄更斯在看到这座宏伟的建筑后感慨道：

✝ ✝ ✝

这个巨大的竞技场……一定会震撼所有现在看着它的人，一座废墟，感谢上帝，一座废墟！

——查尔斯·狄更斯，《意大利风格》

✝ ✝ ✝

竞技场里的工作人员

角斗士是罗马竞技场里的明星，但他们只是一个为赛会而活，且以此谋生的群体中的一部分。每一名角斗士都对应着数十名驯兽师、裁缝、售票员、木匠、布景工、杂耍演员、杂技演员、油漆匠、乐师、负责收小费的人和普通工人，他们组成了一个联系紧密的社会，拥有自己的行话、惯例和优先考虑的事。

这些人员当中大多数人的事业都围绕着竞技场，角斗士在他们眼中是第二天就可能死去的匆匆过客，他们见过的像你这样的角斗士即使没有几百个，也有几十个了。他们会为你准备好盔甲以及入场的隆重仪式，然后可能会把你的尸体从竞技场里抬出来，剥去盔甲，并将其洗净，以便于之后埋葬。因此，最好还是与他们熟悉一下。

第一次作为角斗士参加比赛就已经够令人困惑和恐惧了。因此在比赛开始之前，最好走到幕后了解一下正在进行的流程。不可避免的是，一场在观众眼中非常流畅的表演从幕后看可能是完全不同的。从开场游行开始，（例如）当首席小号手莫名其妙地失踪，一头大象开始怯场，还有一名角斗士开始强烈地表达他对服装中的一些装饰元素的反感时，这样一场表演必定会令举办者精神崩溃。

鉴于一些特殊效果的极高复杂度，以及当时技术的普遍（无）效率，某些机械装置是必定会出问题的。为观众遮挡烈日的巨大

在表演期间，将遮阳篷固定在观众上方所需的部分绳索和支柱的示意图。

遮阳篷可能会被卡住（遮阳篷的构造非常复杂，以至于操作它们的是一支驻扎在隔壁皇家角斗士学校的米塞努姆舰队的船员，见第163页）。竞技场的地面下方是数不清的储藏室、走廊和关满了第二天比赛要用的（人类和动物）牺牲品的笼子。这里是一个由配重、斜坡和绞车组成的昏暗迷宫，只有油灯和火把的光亮，在有比赛的日子里会充满噪声以及精神高度紧张的生物——工作人员和即将上场表演的人或动物。

关着老虎的笼子在被升到地面后可能无法打开，但也有可能出现更具灾难性的情况，那就是笼子在地下室里提前打开了。把扮演伊卡洛斯的演员高高挂在圆形竞技场上空的绳子可能会断裂，使演员砸到地上，过于逼真地复制神话中伊卡洛斯的下场。[1]

这些灾难是举办者们心里无比清楚的非常容易出现的问题，

---

[1] 在希腊神话中，伊卡洛斯从高空坠落丧生。——编者注

一只长颈鹿被错误地从一个隐蔽的活板门里放了出来。竞技场上的死刑犯们对此没有一句怨言，因为他们本来等待的可是一只狮子。

只是他们不知道具体哪个会在什么时候发生，程度会有多严重。因此，当观众有时看到一名角斗士被匆忙地推到阳光下，不知所措地站在那里，可能是因为在他之前的比赛因为某种原因被取消了。现在，这个原本打算在战斗前度过安静的半个小时调整自己的可怜家伙，却在躲在厕所沉思时被拖走了，被匆忙扣上盔甲，胡乱套上头盔，并被告知将在两分钟后开始一场殊死搏斗。在有比赛的日子里，最好提前准备好应对这些意想不到的事情。

　　更好的办法是通过与圆形竞技场的员工培养友谊，从而在比赛中获得优势。为你准备盔甲的人如果把你当成朋友，那么他就会对你更上心。乐师可以帮助影响观众的情绪。你会被提前告知一切重大进展（比如皇帝今天下午有点暴躁），这样你就有了一点优势，因为你的对手可能懒得做这些。（角斗士一般都不爱和人打交道。）

✛ 8 ✛

竞技场上的死亡

只要你认为自己没有受伤，那你就没受伤。

—— 爱比克泰德，《手册》，第 30 篇

✛　✛　✛

在皇家角斗士学校里

✛　✛　✛

我们住在角斗士的营房里，与同我们推杯换盏的人为敌。

—— 塞内卡，《论愤怒》，第 2 卷，第 8 章，第 2 节

✛　✛　✛

　　管理皇家角斗士学校的监察官是最早知道皇帝将举办一场盛大比赛的人之一。附近的帕拉丁山上的官员会来学校查询有多少角斗士可以上场，以及他们的状态如何。这个消息很快就会传遍整个皇家学校，原本就很高强度的训练会突然变得更紧迫。随着潜在的竞争对手互相默默评估，以及每一名角斗士都意识到，坐

在他旁边吃饭的人可能很快就会积极地尝试把自己像他现在手中的牛排一样大卸八块，就连占地面积很大的皇家学校也突然变得过于幽闭了。

在训练过程中，训练师和资深角斗士们站在一起，一边咕哝着，一边瞪着眼看新手和低级角斗士们一步步完成练习。早在第一批广告单写好之前，拉尼斯塔和导师们就会列出可能的分组名单。一场趣味盎然的角斗不仅要匹配参赛者的技能，还要匹配他们的性格。凯莱尔和弗拉玛互相讨厌？很好，让这两个人把仇恨带到沙场上，不管结果如何，他们的角斗士家族都再也不用忍受他俩的争吵和口角了。头脑冷静的马库斯·格劳科和技艺更精湛的普罗克西莫将会是有趣的一组，后者只有在不急不躁的情况下才能发挥出他的战斗力。

皇家学校的不同人员之间总是存在着竞争，但随着比赛临近，这种竞争可能会爆发。比赛之前是试着恐吓对手的好时机，而更好斗的角斗士很可能会试图谋划与潜在的对手进行一次"偶然"的正面对峙，在两人于赛场上正式较量之前给自己建立心理优势。在比赛之前，明智的管理员会密切关注各个区域的角斗士之间的互动。

早间角斗士学校（Ludus Matutinus） 在罗马竞技场旁边，它在一定程度上不参与一般的竞争，顾名思义，它的学员只参加早间演出，都是斗兽士。虽然可能会有内部压力，以及斗士们可能会就谁来对阵一批新到的黑豹而产生严重分歧，但他们至少在真正比赛的关键时刻是团结一致的。而且，他们因为自己的技艺被认为不如"真正"的角斗士而怏怏不乐，所以同仇敌忾。

达契亚角斗士学校（Ludus Dacius） 色雷斯式斗士训练的地方。学校的名字源于达契亚人，一个来自多瑙河对岸山区的勇猛的战士民族，但这所学校培养了大多数东部风格的斗士。它坐落在奥庇乌斯山上，靠近图拉真的浴场，十分方便，旁边是一个大型营房街区，里面住着米塞努姆的船员们，他们负责操纵竞技场的遮阳篷。

高卢角斗士学校（Ludus Gallicus） 专门培养海鱼斗士，这种类型是从罗马共和国时期的高卢角斗士进化而来的。这所角斗士学校是4所里规模最小的，其成员在比赛中经常匹配达契亚角斗士学校的成员，双方彼此厌恶。

大角斗士学校（Ludus Magnus） 紧挨着早间角斗士学校，离圆形竞技场非常近，有与之相连的地下通道。和其他角斗士学校一样，它也是一个封闭的方院，有分别用于储存物资、管理和居住的建筑。中心训练区有少数座位，训练师和贵宾可以坐在这观看角斗士训练。大角斗士学校的模拟竞技场是4所学校中最大的，用于训练使用特殊装备的斗士，例如战车斗士和骑士。事实上，这里的迷你圆形竞技场可以容纳3000人，足够独立举办一场小型的穆努斯。由于大角斗士学校中的一些斗士在表演当天会互相残杀，所以这里的气氛尤其紧张。

在角斗士学校区周围有许多有特定用途的建筑，其中包括储存舞台布景和机械装置的**"歌队峰"**（Summum Choragium），以及军械库，因为政府非常明智地不让角斗士在官方批准的场合以外使用刀剑。每一名角斗士早晚都会被送进**医疗馆**（Saniarum），因为这家医院除了治疗角斗士们在比赛当天受的伤，也治疗日常疾病，以及训练中的磕磕碰碰。然而，**卸甲馆**（Spoliarum）最多只去一次就够了，这里是死去的角斗士被剥去盔甲，准备下葬的地方。

一位角斗士在得知了他的对手会是谁后，应该采取以下几个步骤。

了解对手

✛　✛　✛

卡西乌斯全心全意地专注于战争，就像一名角斗士全心全意专注于他的对手一样。

——阿庇安，《内战史》，第 4 卷，第 133 章

✛　✛　✛

公开的广告单上会列出参赛角斗士的名字、武器类型和获胜次数等基本细节。而作为他的对手，你需要了解的比这多得多，因此和那些与他交过手的人聊一聊是十分必要的。如果他在另

一所学校，那么你可以基本确定，你的导师是站在你这边的，他甚至可能以前见过你未来的对手在场上的战斗，能告诉你许多窍门。

性情　这名斗士是会打持久战，通过不断割伤对手来取得胜利，同时不给对方反抗的机会，还是会冒着自己可能在一分钟内被刺穿心脏的巨大风险速战速决？

诀窍　这名角斗士有什么拿手的秘诀，比如猛烈击打对手的剑的顶端，使其暂时指向地面，接着冲向对手，用身体撞击对方并令其绊倒？对对手所有的拿手动作都烂熟于心，花大量时间练习反击的方法，并尽可能地在繁忙的角斗士学校里确保你的练习的私密性。

转身　当一名海鱼斗士看不见溜到他身后的人时，或者当一名网斗士转身躲避追击斗士对手的冲击时，是会转向右边还是左边？左撇子向后看或转身时，一般会沿逆时针方向，右撇子则沿顺时针方向。然而，角斗士可能会训练自己做出不同反应，取决于他的哪条腿在前，或者他是否想在转身时使用盾牌或剑。

破绽　每个角斗士都有能出卖他的小细节。可能是略微歪头，或冲锋之前脚在地上摩擦一下，也可能是在真正刺出剑之前，肩部会有一个向下的小动作，但在假动作之前就没有。明显的破绽，比如在出剑之前缩回手臂，在训练的早期就会被改掉（或者带有这种明显破绽的人在战斗中早早就被干掉了），但仍然会留下一些很难避免的细微的下意识动作。这是因为，大量的练习令角斗士使用纯粹的肌肉记忆做出本能的行动和反应，所以这种小破绽也被构建进了一系列已经成为条件反射的动作，而控制这种条件反射并不容易。

✝ ✝ ✝

在沙场上的角斗士眼中，对手的一个面部表情、手部小动作或身体的特定姿势都能警告自己对方的意图。

——塞内卡，《书信集》，第 22 篇，第 1 节

✝ ✝ ✝

恐吓对手

一些角斗士从第一次踏入角斗士学校的那一刻就开始争夺精神优势了。有的人就是喜欢当老大，这也是每名优秀的角斗士对自己的定位。因此，即便在学校的日常生活中也有很多辱骂、霸凌和支配的现象。一个角斗士如果习惯了对学校中的另一个角斗士言听计从，那么要想在竞技场上击败这个人，就要费一番功夫了。

比赛即将到来时，对手会对你表现出敌意。他会抓住每一个机会猛烈诋毁你的技能，还会想办法向你绘声绘色地转达，他会在沙场上怎么收拾你。当然，这是一场你来我往的比赛，战败者会是心怀畏惧、士气低落的一方。所以全力以赴吧！

了解你的胜算

政府并不支持基于角斗的结果进行赌博，原因之一就是这会在某种程度上影响比赛结果。这在战败者幸存的概率比较大的小型的竞技场上更常见。罗马观众对于他们怀疑故意输掉比赛的人是毫不留情的，如果他们的反应很强烈，那么皇帝可能会遵从他们的意愿。如果战败者不能活下来的话，找人故意输掉比赛就比较难了，但赌输了的人都爱大喊"黑幕"。

尽管政府不赞成赌博，但人类的天性导致他们总是会以某种形式预测一场角斗的结果。没有人比你自己更了解你或你的对手，所以，如果你想让你的这场比赛参与赌博，那就找个代理人为你押一笔可观的赌注，赌你自己会赢。毕竟你要是输了的话，也不太需要担心赌债。

最后的晚餐

✝ ✝ ✝

让我们大快朵颐吧，因为我们明天就要死了。

——圣保罗，《哥林多前书》，第 15 章，第 32 节

✝ ✝ ✝

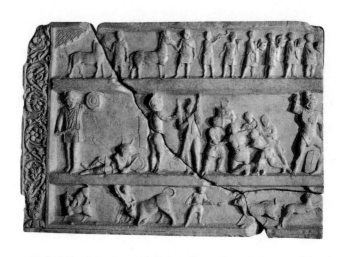

　　赛会是从一种近似宗教仪式的活动演变而来的，其结果之一是，所有被"牺牲"的表演者都肯定会在前一天晚上享用最后一顿大餐。虽然每个地区之间略有差异，但这场宴会是对所有第二天早上可能丧命的人开放的。因此，角斗士们与斗兽士和死刑犯们会一起在就餐专用的卧榻上用餐，偶尔甚至会有基督徒出现，借此机会询问每个人死后灵魂有什么计划。

　　公众可以前来观看"最后的晚餐"（cena libera）的盛况，他们会仔细观察明天将要上场的角斗士的行为举止。正如我们所看到过的，他们接下来可能会下注赌第二天谁会赢。

　　即便你很想欢欢喜喜地大快朵颐，但也最好不要这么做。请记住，食物是由举办比赛的人提供的，他想表现出自己的慷慨大方，而角斗士学校则重视食物的营养价值和分量多于烹饪的质量。因此，"最后的晚餐"上的食物会比你的新陈代谢系统所习惯的食

庞贝的赛会。这块浅浮雕的上部展现的是角斗士游行，队伍由乐师打头阵。浮雕中部是比赛中的角斗士——右边，一名角斗士在对手的肋骨下刺入了致命的一剑。浮雕底部刻画的是斗兽赛，一头熊干掉了一名参赛者（右），还有一头公牛被杀了（左）。

物油腻得多，因此要适量摄取。在成千上万喜好流血暴力的观众面前拼死战斗已经足够令人紧张得肠胃绞痛了，因此没必要吃一肚子不好消化的食物来雪上加霜。

与你的训练师商量一下。最好的食物是小麦制品，因为它们消耗得慢，在第二天下午依然能为你的身体提供能量。肉类也不错，但要适量摄取。一些新陈代谢很协调的角斗士可能更青睐于某些会在夜间迅速通过消化系统的食物，使他们的肠胃在战斗之前排空，如此，如果他之后肚子受伤，感染的概率能低一点。

其他人不会考虑太多。"这是免费的食物，还很美味，而且可能是我能享用的最后的美餐了，就让我吃个够吧。"这些头脑简单的人在这个晚上可能会随便找个女人调情，享受一下肉体之欢，然后沉沉地睡一个好觉。一些角斗士看到这些粗人如此神经大条且放松，可能会嫉妒得想把他们杀了，但可以安慰自己，他们很快就有这个机会了。

此时进行的不光有最后的晚餐，这段时间也是死刑犯们最后向朋友和家人告别的机会。即便是角斗士，也会借此机会和他们的亲人安排后事，哪怕只是告诉他们该对谁下注。

✝ ✝ ✝

角斗士中也是有仁慈的人的。和希腊人一样，比起用面前的山珍海味满足自己的胃口，他们选择在进入竞技场之前，托付朋友照顾自己的妻子，并释放家中的奴隶。

——普鲁塔克，《道德小品》，第 1099 节，B 段

✝ ✝ ✝

角斗士游行（pompa）

✝ ✝ ✝

首先是角斗士游行……一长列的载着［宗教偶像］的椅子和战车，可移动的宝座和花环……在游行的开头、中间和结尾都有

大量宗教仪式要遵守。祭司和政务官被召来参加游行，每个都是城里有头有脸的人物。

——特土良，《论盛会》，第 7 章，第 2—3 节

✝ ✝ ✝

赛会的第一天是由游行开启的，队伍会在竞技场周围游行，最后进入竞技场。其规模之盛大和庄重使其为后世留下了"排场"（pomp）一词。对于赛会的举办人来说，组织游行的过程简直是一场噩梦，非常麻烦。对于角斗士来说，这是一个自我宣传的绝佳时机，同时也是一个解读观众情绪，并察看竞技场内部安排的机会。观众则能够通过游行了解未来几天会有什么精彩节目。对于皇帝来说，这是一个博取人民的掌声的机会，让后者称赞他所安排的奢华盛会。

在罗马城外陪同一位政务官的扈从们。我们能看出这是在城外，因为每捆挞棒中间都有斧头。在罗马城内，政务官有权鞭笞违法者，但处决犯人的权力就被严格限制了。

游行的环节是有一定规矩的。如果皇帝在场，或者这是一场他可能会前来观看的精彩的表演，那么游行队伍的最前面应该是他的扈从。扈从是罗马高级政务官的官方护送者，举着法斯科，即一束中间捆着斧头的挞棒，斧头象征着来自国家的惩罚或处死人的权力。罗马传统的法斯科是没有中间的斧头的，但这并不意味着皇帝没有把人处死的权力。历史上有不少皇帝强迫暴躁的观众加入角斗比赛的例子。

[卡利古拉] 曾经命令把站在长凳附近的一些观众抓来扔给野兽，为了防止他们公开谴责他的行为，他先把他们的舌头给割掉了。

——卡西乌斯·狄奥，《历史》，第 59 卷，第 10 章

✝ ✝ ✝

赛会的举办者们无疑也希望他们能对游行队伍中的一些人这么做。如果参加游行的只有角斗士，那就更容易了，但现在情况并非如此。卡庇托山附近早就聚集了紧张的参与者，他们已经在早晨的高温下微微冒汗了。这种场合中会有被训练能并排行走的大象。但是皇帝迟到了，没有他在场，表演是不会开始的。于是大象开始变得焦躁不安，不耐烦地踏步，并发出嚎叫，这使得笼子里的老虎心烦意乱，而老虎们的咆哮又使即将在箭术展示中丧命的鸵鸟们暴躁不已。鸵鸟脚上的力气很大，外科医生已经在治

疗一名被它踢中的受害者了。

参加游行的众多角斗士之一，卡西乌斯坚持要戴着蒙面头盔参加游行，尽管他向每个愿意听他讲话的人争辩说，自己不是一个逃跑的奴隶。举办者因此把他降到了第二级，这使他大为恼火，因为他是今年最火爆的新秀。与此同时，弗利乌斯发现，他将在游行上穿的华丽但不合身的镀金盔甲也将是他在战斗时佩戴的盔甲，因此大发雷霆。

一些杂技演员在摆弄他们的服装，一名衣着暴露的舞女在追赶一个刚刚用木剑骚扰性地戳了她一下的侏儒。空气中混合着紧张、压力和几乎无法控制的肾上腺素。当扈从到达时，肾上腺素的水平会再次飙高。他们粗暴地挤过舞女和杂技演员，走到前面（但他们在挤过烦躁且全副武装的角斗士时会明显收敛一些）。圆形竞技场传来的喧嚣表明，皇帝正在前往普维纳尔（pulvinar，皇家包厢，自然处于竞技场视野最佳的位置，同时也能让爱戴他的子民最清楚地看到他）。在开场的祭祀仪式和一阵号角声中，游行开始了。

游行队伍穿过广场和提图斯凯旋门，向罗马竞技场前进。路边挤满了没买到在圆形竞技场里观看赛会的票的群众。角斗士在游行队伍的很后面，他们之前有乐师、罗马诸神的神像和祭司，以及动物，但这一切都不是人群期待的重点，他们的欢呼在你走过时才达到了高潮。角斗士们意气风发，昂首阔步，夸张地展示自己，并向少女们抛飞吻（或者至少做出非常有吸引力的肢体动作）。他们在圆形竞技场上是没有机会这么做的，因为女性只能坐在最顶层最远的地方（除了坐在前排的维斯塔贞女，而她们肯定不会喜欢这种行为）。

整场游行都充满了欢乐的气氛，这会使很多人联想到庆祝军队归来的热闹的罗马凯旋式。尽管一路上人声鼎沸，人们为异国的珍禽异兽，或声名远扬或臭名昭著的角斗士呐喊，但当新手们进入竞技场时，震耳欲聋的巨响还是会令他们猝不及防。大约有5万名密密麻麻的观众，大部分身着白衣，挥舞着他们的托加袍，热情洋溢地欢呼着。你知道乐师在演奏水风琴，因为你能看到他的动作，但琴声被周围的吼声淹没了。奴隶们奉命用小弹弓向人群弹射一些小木球，无论它们落在什么地方，都会引起不小的骚动，因为这些小礼品是赛会的举办者的礼物，最少能用于兑换几顿自助餐。拿到的人可能会骄傲地发现自己拥有了一座海边豪宅，但也有可能是个破碎的空蛋壳。用他们的话来说，就是"一切都掌握在幸运女神手中"。

一幅来自日耳曼尼亚的马赛克装饰画，展示了演奏水风琴和号角的乐师，他们在每场活动之间安抚观众的情绪，为他们提供娱乐。在这里可以看到控制风琴泵的杠杆。

木制小球上刻着表示食物、衣服、花瓶、金银、马、驮畜或奴隶的字样。抢到这些球的人会拿着它们去找负责分发奖品的皇家官员。

——卡西乌斯·狄奥,《历史》,第 66 卷,第 25 章

✛ ✛ ✛

与游行队伍中的其他人一起,角斗士们停下来向皇家包厢和矗立在旁边的神像致礼。(克劳狄乌斯以前经常在场面变得过于血腥时把神像盖住。)不要指望这些例行公事的致礼会像后世所想象的那样令人激动。只有一次有斗士们说"万岁,恺撒,我们这些将死之人向你致敬",而且他们并不是正规的角斗士,也不是罗马人。

当队伍环绕竞技场游行的时候,看看那些拿着托盘的奴隶,托盘上展示的是象征胜利的棕榈叶和银质的奖品,也可以看一看"死亡之门"(Porta Libertinensis)。游行队伍中的大多数角斗士在比赛结束之前就会得到奖品,或穿过这道大门。游行队伍继续回过头来穿过"生命之门"(Porta Sanavivaria),最后在幽暗的隧道中混乱地解散。角斗士们脱离队伍,回到他们的学校放松一下,做一些轻度的打斗和练习,之后可能还会稍微吃点午餐。他们即将迎来一个忙碌的下午。

罗马的别的地方以前也举行过斗兽赛。诸如浮雕中所展示的，在大竞技场（Circus Maximus）举行的活动为后人提供了"马戏"（circus）这个词，用于形容包含杂技演员、动物和小丑的表演。

斗兽赛（venatio）

罗马这座大都市的另一边是意大利的乡村，那里的母亲们担心，她们的孩子在森林里采集水果或浆果时，可能会惊扰某头熊，或者遇到一只发情的雄鹿。在偏僻的乡间小路上，肯定有旅行者曾经试着用颤抖的双手抚慰在四合的暮色中被飘荡的诡异狼嗥所惊吓的马匹。然而，尽管这些猛兽令人恐惧，但意大利人知道，比起非洲的狮子或小亚细亚的黑豹和巨蟒，他们自己的野生动物已经算是相对温和的了。这解释了斗兽赛的部分意义。

对于当时的地中海居民来说，自然环境是没有受到威胁的，反而始终威胁着他们。赛会中的斗兽赛制造了一种人类暴力主宰自然的景象，使他们安心。要是告诉罗马人，竞技场对黑豹的需求几乎已经使这个物种在小亚细亚灭绝了，那么他会认为你是在赞美这些比赛，正如你可能已经注意到的，角斗比赛已经使罗马的暴力劫匪大幅减少了。（这正是暴力劫匪受到的待遇和黑豹差不多的原因。）

罗马人其实是在利用一种威胁来解决另一种威胁。罪犯被扔给野兽，要么杀死野兽，要么被野兽杀死。而有时，这在道德上并不完全站得住脚，比如当赛会的举办者借此机会处理掉冒犯他的奴隶时。

格里科的管家和他的情妇（格里科的妻子）被捉奸在床。反正妒火中烧的丈夫与情夫争风吃醋的事到处都有。但是格里科把他的管家扔给了野兽，简直太小气了，还搞得满城皆知。他应该把那老色鬼扔给公牛，任它随意践踏。当奴隶不得不服从命令的时候，那就不是他自己的过错了。不过，如果你不能打败这头驴子的话，你的尸体就会被扔到它的鞍上。

——佩特罗尼乌斯，《爱情神话》，第45节

除了人们普遍认为的在早上进行，斗兽赛的形式几乎没有什么规则。这一部分是因为（也是令斗兽士怨恨不已的），如果斗兽赛在角斗之后进行，会影响火热的气氛。另一个原因是，被关在笼子里的动物旁边都是它们在野外的天敌或对手，因此很快就会因为压力而筋疲力尽，所以最好让它们在精力最旺盛的时

候上场。

当一头黑熊被斗兽士撕成碎片的时候，罗马观众（其中有很多人非常宠爱自己的宠物）会像看到一名死刑犯被一头熊撕成碎片的时候一样欢呼雀跃。在享受流血的感官快感时，观众们懒得区分，也并不在意被杀的物种。

动物可以扮演许多不同的角色。

执行死刑

罗马人认为，他们不仅应该展示正义被执行的过程，还应该用富有想象力的虐待行为来行刑，从而在有可能犯罪的人心里留下不可磨灭的印象。在一个没有警察的社会里，许多罗马人感觉自己在罪犯面前是毫无还手之力的。因此，当他们得以反过来制约罪犯时，是没有仁慈可言的。

- - - - - - - - - - - - - - - -
北非的一幅马赛克装饰画中被判处兽刑的罪犯们。观众们认为，这种下场的匪徒、强奸犯和杀人犯并不比野兽好到哪去。

✛ ✛ ✛

我看见西卢鲁斯［一名来自意大利南部的土匪］被野兽撕成了碎片……他被带上了绞刑架，下面是特制的易碎的笼子。绞刑架被设计得容易破碎倒塌，让他掉到了笼子里。

——斯特拉波，《地理学》，第6卷，第2章

✛ ✛ ✛

捍卫这种野蛮行为的人认为，犯罪分子必须被从社会中移除，如果要把他们杀死的话，那么为何不把死刑办成精彩的表演呢？

在这座赤陶浮雕上，一名被绑在公牛身上的女性被一只丛林猫杀死。许多女性犯人的罪行都是"投毒"——这是一项可疑的指控，因为罗马的法医鉴定并不能每次都100%确定死因。

被狮子咬死本身并不比被绞死痛苦多少，而且犯人死后也不会在乎自己的尸体被怎么样。这个观点可能看上去很合理，但基督教后来提出了更难反驳的观点，即被这种表演所侮辱的人并不是那些惨死的亡者，而是观众。

✝ ✝ ✝

他们最大的乐趣在于让人死去，或者更可怕、更残忍的，让他们被撕成碎片。野兽的肚子里塞满了人类的血肉，令观众兴奋不已，他们的目光也像野兽的利齿那样，把牺牲者吞噬。

——萨尔维安，《论上帝的管辖》，第6卷，第2章，第10节

✝ ✝ ✝

一只亚洲虎与日耳曼野猪搏斗。对罗马人来说，这并非虐待动物，而是迫使两种能对人构成切实威胁的危险生物相互消灭。

与野兽对决

✦ ✦ ✦

……我看见海牛被和熊放在一起对决。

——卡尔普尔尼乌斯·西库路斯,《田园诗》,第 7 首,第 24 行

✦ ✦ ✦

……狂怒的犀牛低着头向前冲。

它的双角能爆发出巨大的力量,像公牛把一个哑巴甩到天上一样把那头熊撞飞了!

——马提亚尔,《论盛会》,第 26 节

✦ ✦ ✦

维护野兽对决的人又会争辩说,这种表演展示的是一个杀手与另一个杀手的对决——一头犀牛在竞技场上与一头熊拼杀,意味着它们都不会返回自己的原生栖息地伤害人类了。尽管如此,人们在阅读普林尼对于动物为一场这样的表演聚集在一起的描写时,很难不得到一种特殊的满足感。它们几乎要冲破与观众之间

在这幅来自阿文丁山的罗马马赛克装饰画中,一名大象骑手指挥他的大象战胜了一头公牛。因为观众们已经厌倦了普通的流血和杀戮,所以举办者们要不停探索新颖、有娱乐性的比赛形式。

的栅栏。正如普林尼用冷冰冰的罗马风格所描写的，"并不是对观众没造成任何困扰"。

与人对决

+ + +

但是有一头大象创造了奇迹，因为当它的脚被飞镖刺穿时，它在攻击者中膝行前进，夺走并甩飞了他们的盾牌，而这些盾牌旋转的角度和落地的地方都很好，甚至就像是一位艺术家，而不是一头暴怒的野兽计划好的一样。

——老普林尼，《自然史》，第8卷，第7章

+ + +

即使是罗马的城市居民，也将狩猎视为一种采集食物的方式，集市上每周出现的野兔就证实了这一点。因此，在一般的竞技场狩猎活动中出现的都是彪悍的异域动物与人类对决，参加的人通常是为之接受过训练的武装的志愿者，但这依然算是狩猎。和任何狩猎一样，被捕杀的动物很快就会被处理成食用肉类。

+ + +

他展出了黑豹，后者被骑士追赶捕杀。

——苏埃托尼乌斯，《克劳狄乌斯传》，第21章

+ + +

在比赛结束后的几天里，肉店会欢欢喜喜地卖掉一批长颈鹿或河马肉排。事实上，公元前251年，在罗马展出的首批大象就被杀死并吃掉了，这可能只是因为罗马人不知道还能拿它们怎么办，而不会有多少动物直接被完全丢弃。罗马富人的餐桌极其丰富，甚至可以称得上是富有冒险精神，他们几乎什么都想尝尝。罗马的穷人基本上都是素食主义者，因为肉类是一种昂贵的奢侈品。当恺撒提供免费食物时，平民们简直乐开了花，风卷残云地把肉排扫进了肚子里，即使它们是狼肉。

尽管如此，就像任何狩猎一样，斗兽赛也并不总是能按计划进行。公元前55年，庞培为了提高自己在人民中的声望，安排在竞技场里杀死几头大象。然而，他显然选择了被驯化了的大象。它们受到攻击时的困惑和痛苦深深打动了观众们，最终，观众们站起来挥舞着拳头，表演在他们大声咒骂庞培的声音中结束了。

色情展示

阿普列尤斯的《金驴记》是一部注定要流传数千年的小说。主人公卢基乌斯被魔法变成了一头驴子，他的主人计划如此使用他的身体：

✝ ✝ ✝

他得到了一只低级的生物，总督将其判了兽刑。她本应在人

群面前与我行淫乱之事——因为他确信这定会使他的表演座无虚席……一名士兵来把这个女人带走了，正如我所说的，她因为犯罪而被判了兽刑，并且会在我们的"蜜月"时陪伴我。

我们的婚床已经被精心布置好，装饰着被抛光磨亮的印度玳瑁，高高地堆着颜色亮丽的鹅毛垫子。除了不得不在公开场合做出这种行为的耻辱，以及丢脸地与这个可憎的女人在一起，我还为自己的生命产生了极大的恐惧。

在我看来，当我们相拥在一起时，无论被放出来吃掉这个女人的动物是什么品种，它应该不可能具有足够的辨别力、训练和对本能的把控，能使它在把她撕成碎片的时候，放过旁边无辜的——我！

——阿普列尤斯，《金驴记》

✛ ✛ ✛

这类骇人听闻的事件并不是虚构的，正如马提亚尔的评论所证实的那样：

✛ ✛ ✛

请相信帕西淮和一头克里特岛的公牛欢好了——我们见过。

这个古老的故事已被证实了。不要再让我们只从故事中看到神圣的古代事件了，恺撒。竞技场会为您重现一切著名的事件。

——马提亚尔，《论盛会》，第 5 节

✝ ✝ ✝

然而，这些"表演"比较不常见。事实上，它们罕见到纪念品商店可能会生产一些小油灯，纪念其中一些场景的细节，以帮助那些不想太快忘记这些景象的人记住它们。

其他展示

并非所有进入竞技场的动物都会被屠夫用挂肉的钩子拖走。即便是罗马人也会厌倦无休止的流血。因此，当新的受害者准备就绪时，主办方会向观众献上非致命的表演，比如以摔跤为主的斗牛、大象跳舞，或马上杂技。一些真正充满异国情调的动物单凭外表就能让人眼前一亮。

✝ ✝ ✝

此外，如果有任何值得一看的珍禽异兽在没有比赛的时候被带到了罗马城，他习惯于在竞技场以外的地方展示它们。因此，一头犀牛在战神广场的投票区被展出，一只老虎在舞台上，还有一条 75 英尺长的蛇在元老院门前。

——苏埃托尼乌斯，《奥古斯都传》，第 43 章

✝ ✝ ✝

他建造了一种木制的斗兽专用的竞技场，它被称为圆形竞技场，因为它四周都是座位，没有舞台。为了纪念竞技场的落成和他的女儿，他向人民献上了野兽和角斗士的战斗……在这里，所谓的驼豹［即长颈鹿］被恺撒引入了罗马，向所有人展示。

——卡西乌斯·狄奥，《历史》，第43卷，第22章及其后

✝ ✝ ✝

午休时间

尽管角斗士们是出了名的晚上很晚入睡、清晨有点懒洋洋的，但罗马人都是在破晓之前就起床了。有地位的罗马人常常在日出之前就已经锻炼完、吃过早饭、写完一两封信，并且见过他的客户了。由于起得太早，所以他们必须找时间补补觉，通常是在中午，竞技场此时是阳光直射下的一圈刺眼的白沙，遮阳篷薄而艳丽的布料水波一样的影子在座位上舞蹈。

因为观众们手上有门票，不会有人抢占他们的座位，所以他们能安心回家。罗马风格的"午休"时间很长，最完整的过程包括午睡，以及（认为每场比赛之间舞女的表演有足够强烈的性暗示的人会）与女奴找点乐子。

随着座位渐渐变空，竞技场上的活动节奏会减慢，但娱乐活动仍会为顽固地留在座位上的那些观众继续进行。大约在新手角

斗士考虑是否要吃一份简单的沙拉的同时，体育表演、小丑的滑稽表演或歌手表演在竞技场新铺的沙地上进行着。

有时，顺道去品一品这些助兴表演的观众可能会看到，举办者利用午休的时间处死了一些名单上计划要被除掉的罪犯。

✛ ✛ ✛

前几天中午，我碰巧去了赛会。我期待看到一些体育表演或诙谐的东西，因为看了太多人类的流血场面，我想让眼睛休息一下。然而事实却是完全相反，早晨的战斗跟这一比都不算什么。他们在中午没有任何花架子，就是一场纯粹直接的屠杀。

这些人没有任何防护，他们对每一刀都毫无还手之力，而且每一刀都足够有杀伤力。民众们比起势均力敌的对决更喜欢这样的杀戮，何乐而不为呢？刀剑不会被头盔或盾牌挡开，而防御技能也只能将死亡延迟一分钟罢了。

早晨，人被扔给熊或狮子；晌午，他们被扔给观众。人群高吼着要杀手们与能杀死他们的人搏斗，而胜利者则也会被其他人杀死。这些参加战斗的人不会被释放，也无路可逃，等待他们的只有死亡，因此他们需要被烈火和烙铁逼迫着战斗。而他们战斗的结果永远都是死亡……

是的，他是一个强盗，一个杀人犯，他是罪有应得——但你做了什么，以至于非要看这些？"杀了他！〔他们喊道〕抽他！烧死他！那懦夫为什么不能自己撞到剑上呢？他为什么试图逃避死亡？"

——塞内卡，《书信集》，第 7 篇

✝ ✝ ✝

这也是斗兽赛在早上举行的另一个原因。当角斗士在下午走上沙场的时候，竞技场的气味就像它的批评者所说的，像一个屠宰场。即使有装饰拱门的花环的香气、外面小贩的外卖食品的扑鼻味道，以及四处弥漫的罗马人的汗味，空气中略微令人反胃的血腥味依然浓烈到足以让人闻到。如果连人都能闻到，那么请想象一下它对动物必定会产生的影响。

开场表演

观众们开始回到竞技场，休息过后恢复了精神。圆形竞技场的设计者们为人流的涨落做了很好的规划。宽敞的楼梯和走廊让人们可以快速轻松出入。出口叫作"vomitorium"（与英文中"呕吐"〔vomit〕一词相似），生动地体现了它们能够快速把人群"吐"到街道上，或把他们吸进去。

现在没有人会离开了，到处都是说话声，人们一边找到自己的座位坐下，一边想着下午的节目。在逐渐扩大的人群中，会爆发一些关于一名或另一名角斗士的优势的激烈争论，甚至连坐在皇家包厢里的皇帝也可能纡尊降贵地与观众们就即将开始的战斗打趣几句。图密善皇帝就曾亲自参与了一次这样的讨论。

✛　✛　✛

他命令把一个说色雷斯式斗士"与海鱼斗士是势均力敌的对手，但赛会的举办者不配当他（色雷斯式斗士）的对手"的人从座位上拖下来，扔给竞技场里的狗，同时张贴"一个无礼的色雷斯式斗士的粉丝"的标语。

——苏埃托尼乌斯，《图密善传》，第 10 章
（这名色雷斯式斗士的粉丝暗示图密善皇帝把赌注押在了该斗士的对手身上，

也许这是因为图密善不喜欢他的哥哥提图斯，而后者喜欢色雷斯式斗士）

✛　✛　✛

不同阵营之间的冲突有时可能会完全失控，就像以前在庞贝发生过的那样。当时，真正的角斗士们坐在旁边，看着人群中的观众用拳头和刀剑互相攻击。与庞贝人起冲突的是来自附近的对手城镇努科利亚的一大群观众，他们与庞贝人有着无法调解的分歧。庞贝人杀死了大量的努科利亚人，因此政府制定了法令，惩罚他们在未来十年内禁止举办任何角斗士表演。（庞贝后来被埋在了火山灰下，可能是因为朱庇特也不认可。）

现在，圆形竞技场里只有无伤大雅的诙谐表演，以及小丑表演摔跤时背景的大号声音。小丑的滑稽打斗是一种激发返回的观众对真正的比赛的兴趣的方式。此时也可能会有退役角斗士的表演赛。这些旧日的明星们使用木剑，向台下的角斗狂热爱好者展示他们的本领与技巧——这些观众是为了看专业的武艺而来的，就像午休时间的观众是为了看不加修饰的流血而来的一样。同时，也可能有蒙眼斗士的"喜剧"表演。蒙眼斗士都是接受过角斗训练的死刑犯，作战时眼睛在头盔下被蒙住，或者戴着特制的帽子。由于看不见对手，他们在侍者的帮助下移动，盲目地用剑砍他们的对手。这是一个会导致真正流血的环节，有助于调动起观众的情绪，迎接第一场真正的角斗士对决。

角斗士之死

想象你是维鲁斯，一名新手海鱼斗士，即将在皇家竞技场迎来自己的首场比赛。今天下午，你的对手会是一名叫作普利斯库斯的色雷斯式斗士。普利斯库斯是一名经验丰富的老将，奴隶出身，因其恶劣的性格而被贬为角斗士。他今天感觉格外凶残，因为他认为被匹配与一名新手对打是一种侮辱。然而，战斗并不像看上去的那样实力相差悬殊，因为普利斯库斯刚刚从重伤中康复，尽管他赢得了上一场比赛（以及之前的三场），他肩部的肌肉是最

近才愈合的。他的训练师想让他先打一场轻松的比赛练练手，并决定由你来当他的对手。

下午，你出现在了角斗士学校里，与穿戴色雷斯式斗士装备的导师稍微对打了一会儿，然后他又仔细地带你熟悉了一遍普利斯库斯最喜欢的一些动作。隔壁的圆形竞技场已经安静了下来，你由此得知，竞技场的官员进场了。

"第一持棍者"（summa rudis）是首席裁判，身着白色的束腰短袍，肩膀前有两道宽条纹。他手持一根棍子，如果战斗需要暂停，他会用棍子把参赛者分开。他的副手，第二裁判（secunda rudis）通常身材魁梧，因为当角斗士们杀红了眼时，有的可不会听从指令停止战斗。

＋　＋　＋

他［卡利古拉］向五名网斗士发出了处死的信号，因为他们与追击斗士对手们对决时表现差劲。看到这个信号后，其中一人抓起一把三叉戟，把他的对手依次杀死了。

——苏埃托尼乌斯，《卡利古拉传》，第30章

✝ ✝ ✝

竞技场的奴隶协助两位裁判，也负责在每场比赛结束后清理竞技场。他们旁边有一个装满木炭的火盆，里面有烧热的烙铁，最近被用来逼迫死刑犯互相打斗。真正的角斗士不需要这样的刺激，但当他们被打倒后，奴隶会用烙铁测试一下他们会不会动，以判断他们是死了还是陷入了昏迷。

赫耳墨斯·普塞科庞普斯，引导亡魂进入冥界的神（其实一般是一名打扮成他的样子的官员）站在"死亡之门"的旁边，随时准备在角斗士倒下死去后把他们抬过"死亡之门"。

"恶魔"凯隆拿着他极具杀伤力的双头大锤等候在一旁，负责确保被赫耳墨斯带走的人都死得彻底。凯隆来自伊特鲁里亚文化，观众有时会把他和斯堤克斯河的渡神——卡戎混淆。

这些官员的首项任务是展示武器，把角斗士们即将使用的剑展示给赛会的举办人，让他能亲自确保武器像他指定的一样锋利（或不锋利）。一位皇帝利用这个环节羞辱了一个想反叛的人。

✝ ✝ ✝

卡尔普尔尼乌斯·克拉苏……和其他一些密谋暗算他［涅尔瓦］的人还不知道他们的阴谋已经败露了，皇帝邀请他们坐在他

旁边观看表演。当比赛用的剑被按照惯例呈给皇帝，让他察看是否锋利时，他把它们递给了他的客人，表面上是让他们检查，但实际上是为了表明，他不在乎会死在这里。

——卡西乌斯·狄奥，《历史》，第 68 卷，第 3 章

✛ ✛ ✛

对于已经热好身准备好战斗的新手角斗士来说，比赛前的拖延是很难熬的。事实上，对于缺乏经验的人来说，圆形竞技场里的一切都十分令人困惑。你会被交给一名官员，他对你进行简单的检查后，会把你继续交给一名侍者，而这名侍者明显还有其他事情要处理。

请记住，工作人员经手过数不清的角斗士，请相信他们很清楚你该何时、如何进场。你可能在这个时候（这些程序不是固定的）会有机会熟悉将在战斗中使用的开刃的武器。角斗士在不战斗的时候通常拿不到任何利器，这与让明火远离油的原则是一样的。然而，就连竞技场的官员也不得不接受的一点是，为了保证战斗足够精彩，主角们必须熟悉他们武器的平衡性和重量。

当你练习一些动作和佯攻时，所有人都会站得离你远远的。你会感觉这件武器很熟悉，因为制作不锋利的练习武器的人就是参照实物设计的，所以这是意料之中的，但仍然能令你感到宽慰。

外面，圆形竞技场里观众激动的叫喊声透露出了开场比赛的进展情况。这座建筑的设计如此卓越，以至于尽管人群规模庞大，

但竞技场地面上的战斗使每一名观众都看起来近在咫尺，令他们感到身临其境，即使是新来的观众也会被立刻吸引。有一个叫阿利普图斯的年轻人，认为他是对此免疫的……

+ + +

……十分排斥和厌恶这样的表演。有一天，他偶然遇到了一些刚吃完饭的熟人和同学，他们拳打脚踢、大喊大叫地把他拖进了圆形竞技场，那时正在上演一场残忍、致命的表演……他看到那个倒下的人身上有一个贯穿伤，但当他看到血的时候……他的灵魂受到了更凶残的冲击，他沉醉在了这一切中。他无法移开目光，一直盯着比赛，疯狂地喝着酒，从这场罪恶的战斗中得到麻木的快乐，陶醉在这血腥的消遣中。

——奥古斯丁，《忏悔录》，第6卷，第8章

+ + +

观众大喊："有了！"（habet，大致意为他"搞定"了一个对手）你便由此知道，有一名斗士受伤了。短暂的安静表明，他的伤势不轻，裁判暂停了比赛。随后，观众又开始叫喊，而且声音越来越大，因为他们正试图影响皇帝该决定杀死还是留下这名战败的角斗士。"放了他"的喊声渐渐被"杀！杀！"的齐喊淹没了。当皇帝转动他的拇指时，人群安静了。

✝   ✝   ✝

在角斗士的战斗中……我们习惯于厌恶那些胆小、乞求生命的人，我们希望拯救那些勇敢无畏，并乐于赴死的人。比起那些恳求活命的人，我们更同情不请求的人。

——西塞罗，《为米罗辩护》，第 34 节

✝   ✝   ✝

皇帝大拇指朝上或朝下并不重要，重要的是这个手势表达了什么。拇指朝下，加上一个有力的刺戳动作，那么大拇指可能代表刺向不幸的失败者的剑。但是大拇指朝上也可能表达相同的意思，如果这是皇帝亲自用剑从上至下刺穿战败的角斗士的脖子时所使用的手势的一部分的话。作为一名表演家，皇帝煽动人群的期待，淡然地无视他面前的战败角斗士肋骨下方深深的伤口中缓慢涌出的鲜血，然后慢慢地向其揭开他的决定。

当皇帝的决定被揭晓时，人群的呼喊就变了。这时的喊声中带有一种饥渴和期待。你甚至不需要看皇帝，就能知道他选择了将角斗士处死。你也知道，这并不是纯粹的施虐。角斗士的伤口中涌出的血液暗红而浓稠，皇帝的火眼金睛已经发现，这意味着他的肝脏，可能还有其中一只肾已经被深深刺穿了。即使有专业的照料，这位角斗士也不一定能活下去，所以皇帝干脆"慷慨地"将他献祭给人群，以满足他们的嗜血欲望。

接下来有一个仪式。这是战败的角斗士最后的救赎机会。他

这条雕带来自庞贝的一片墓园。在中间，一名角斗士扶着刽子手的大腿，跪着等待夺走他生命的一击。在这样的时刻，一名角斗士会庆幸他的脸和一切表情都被头盔挡住了。

会死，但他可以选择是像动物一样被屠杀，还是自愿接受死亡，像一名自由人一样死去。

✣　✣　✣

想想那些角斗士们……他们所接受的训练要求他们承受重击，逃避会是可耻的……他们中的哪一个，即使水平最普通的，会在被击中时发出呻吟，或甚至有任何表情？不要妄想在他们站着的时候羞辱他们——他们就算在跌倒的时候，自己都不感到羞愧。在被击败时，谁的脖子会试图躲开致命的一击？

——西塞罗，《图斯库路姆论辩》，第 2 卷，第 17 节

✣　✣　✣

当受伤的角斗士跪下时，大家都屏住了呼吸，全场鸦雀无声。他微微摇晃，变成了行刑者的对手向他伸出一只手，让他能稳住

身体。受害者紧紧抓住面前的人的大腿，慢慢地把脖子向前倾斜。行刑者高高举起他的剑，而且因为这毕竟是一场表演，所以他把剑举在那里，让人们看到。接着，在观众的齐声吼叫中，他把剑狠狠地刺了下去，锋利的剑刃刺穿了肌肉、肺部和心脏。这是一场彻底、熟练的杀戮。

当尸体被装上担架，准备抬走时，你来到了入口处。你专业地注意到，被洒上血的沙子已经被耙走，原来的位置上铺了新鲜的白沙。（鲜血之上的新鲜沙子如果不够厚的话会很滑。）

获胜的角斗士站着接受观众的欢呼喝彩。他的脸仍然被头盔遮挡着，但脖子的转动表明，他的目光正跟随着随从在人群中移动的步伐。随从端着银盘，从特别喜欢他的表演的人那里收集小费。由于角斗士的虚荣自负是众所周知的，他会珍惜他的代表胜利的棕榈叶，并一定会在回到角斗士学校后拿它跟同营房的伙伴炫耀，让他们敬畏自己。但真正的回报是现金奖赏，还有现在正在收取的小费。

胜利者的展示有一种刻意的象征

一名海鱼斗士稍事休息，同时思考着即将到来的比赛。他把盾牌靠在左腿的护具上，以减轻持盾的手臂的压力。他必须握着剑，因为角斗士不像士兵一样有剑带或剑鞘。角斗士唯一拿剑的时间是他即将在打斗中使用它的时候。

意义。他收获战利品，站在午后的阳光下，在观众们的鼓掌欢呼中把剑高高举起。死去的战败者无人关心，在他的尸体被"死亡之门"的阴影吞噬之前，就几乎被人群遗忘了。

一名随从几乎是怀着歉意拍了拍你的手臂，肾上腺素瞬间在你的体内激增。

该你上场了。

在沙场上

一个小窍门。角斗士的头盔是完全挡住脸的，所以请忘掉你面前的人是普利斯库斯。普利斯库斯是个脾气暴躁的家伙，你有点讨厌他，但这还不够。你必须无比憎恨头盔后面的那个人，所以想象他是在你上学时总是拿鞭子抽你的那个老师，幸灾乐祸地看着你的无助；他是欺负你街坊里所有男孩的恶棍，是抢了你女朋友的不可一世的纨绔子弟，是恐吓你的家人并把你扔进竞技场的收债人。他是以上一切的总和。你不仅想要杀死他，还想把他撕成鲜血淋漓的碎片，然后践踏他的尸骸。尽管如此，角斗士营房的生活教会了你如何引导你的愤怒。因此，你不会感到失控的（因此也是危险的）愤怒，而是一种深深的、燃烧的仇恨，纯粹得几乎令人精力充沛。

罗马一座山庄里关于角斗士战斗的马赛克画装饰。请注意 Astivus 名字下方的希腊字母 θ，它代表桑纳托斯，希腊神话里的死神。

✝ ✝ ✝

他带着惊人的能量冲进了竞技场，对手令他感到怒不可遏！

——昆体良，《雄辩术》，第 9 篇

✝ ✝ ✝

老手们说，你永远都不会忘记第一次真正面对真刀真枪的场景。（尽管老手们也指出，这可能并不是什么了不起的回忆。）当然，你可能会记不太清你的出场亮相，甚至向皇帝敬礼的场景，但是战斗正式开始时的一切都是异常清晰的。你能意识到人群的存在，但你所有的注意力都集中在普利斯库斯身上。

他自信地快速前进，显然急于速战速决。也许他持盾的手臂

在这幅马赛克装饰画的中间，一名海鱼斗士转过身来，竖起手指，向首席裁判诉请裁决，后者用棍子挡住了希腊步兵斗士。

还没恢复到能长时间战斗的状态。你迎上前，但是稍微移动到他的盾牌那侧，把自己的盾牌举得略微靠前，剑藏在其后。现在冲上去，让盾牌相撞，给他持盾一侧的肩膀造成负担。在你的盾牌后面转身拉开距离，躲避他的剑刺。他的一剑伸出了太远，你用你盾牌的侧面撞到了他的前臂。他的手臂上有护具，但是这一撞使他失去了平衡。你一脚跨出去，用力地低手刺出一剑。他向后一跳，你继续跟上，用盾牌将他的肩膀撞出了淤青。

他退后转身，你转身迎上，但当你意识到他在逼你眼睛直冲阳光时已经太晚了。你暂时看不清眼前的东西，冲上前去，脑子里记着，普利斯库斯喜欢把人绊倒，然后用力把你的盾牌拉下来，从而让你露出喉咙。你感到胫骨上一股令人满足的盾边震动，你们两个再次分开，呼吸急促。普利斯库斯步履稍有蹒跚，但你吃

惊地感受到鲜血正从你的肋骨滴落。你甚至不记得被割伤过。

他继续冲锋，你从容反击并脱身，你们两个就像在训练场上一样。他试着踢你的盾牌底部，想把顶部钩下来。这是致命战斗中出人意料的危险举动，但你被提前警告过这一点，并已有所准备。让他使用这个动作，然后你把盾牌狠狠砸在他的脸上，向前一步，同时刺他一剑。他脱身了，但你再次成功地撞击了他的盾牌，增加了他的肩部肌肉的压力。

战斗还在继续，所有人都能看出你俩的实力相差并不悬殊。你迈步躲开他的进攻，并找准机会在他的背上划了一道很深的伤口。当你们再次摆好架势时，你俩的鲜血都滴到了沙地上。现在他向你冲来，你激烈地格挡、后退和反击。你在意识到他做了什么之前就本能地做出了这些反击动作。最后，你的头盔受到了不知从哪来的一击，打得你的脑袋嗡嗡作响，但你几乎把他的盾牌扯离他的身体，以至于他必须快速后退，以避免你的致命一击。

你模糊地感受到你的牙齿在牙龈上向后拉扯的感觉，还有一种狂怒的情绪在你的体内燃烧。你会不会喜欢这种感觉？

你冲上前，这次轮到他撤退了。你的每一剑都被挡掉或躲掉了，每一次冲锋都被反击，你好像无法冲破他的防卫。他一直在向后移动，你步步进逼，但当他突然发起进攻时，你持剑一侧的肩膀暴露了弱点，你持剑的手臂也没反应过来。你再次不顾一切地撞击他的盾牌，然后听到了一声痛苦的呼喊，然后他扔掉了他的盾牌。然而，你也必须这样做。你熟练地改为左手持剑，把你几乎毫无用处、戴了护具的右臂当作盾牌。

你受到了重创，不断失血，但是普利斯库斯的状况也很糟糕。他的胸部在起伏，明显承受着痛苦。你们此时的表现很不寻常，因为角斗士们通常不会只拿着剑战斗，更不用说一个人用右手一个人用左手了。他的攻击因疲劳而变得笨拙，你的剑划向他的喉咙，但他低头躲开了，剑从他的头盔上弹了回来。他昏倒了。你向前，打算再给出一击，但你的膝盖一软，跌倒在了沙地上，你这才意识到自己已失血过多，快要晕倒了。除了伸出一根手指，让裁判停止战斗，你别无选择。普利斯库斯进入了你模糊的视野中，你难以置信地发现，他也抬起手指表示放弃了。然后，一切都变黑了。

＋　＋　＋

普利斯库斯在一直战斗，维鲁斯无疑也是如此

在很长一段时间内，战斗都不分上下

人群一再呼吁两人停止打斗

但恺撒遵守了自己的原则

这个原则就是，[角斗士会]一直拿着盾牌打斗

直到一个人竖起手指

他做了他所能做的，为二人都分配了菜肴和奖品

但他们两人都坚持到了最后

在战斗中打了平手，也同时投降

恺撒向两人都授予了木剑和棕榈叶

这是对勇气和能力的奖赏

—— 马提亚尔，《论盛会》，第 29 节

＋　＋　＋

角斗笔记

在弗拉维圆形竞技场的开幕表演上，提图斯安排杀死了 9000 头猛兽，其中 5000 头是野生的，4000 头是驯养的。

✛

奥古斯都似乎对非洲动物情有独钟。他说，他在"非洲的斗兽赛"中杀了 3500 头动物，（另一部文献说）其中包括 36 条鳄鱼。

✛

像大多数罗马人一样，角斗士们被组织成行会或葬礼俱乐部，因此战败者就能有体面的葬礼，可能还有墓碑。

✛

一名叫帕里乌斯的战车斗士曾经收到非常热烈的掌声，以至于卡利古拉嫉妒又愤怒地从皇家包厢里冲了出来，抱怨罗马人比起他们的皇帝，更看重一个角斗士。

✛

根据传记作者苏埃托尼乌斯的说法，提图斯经常与观众就他喜爱的角斗士开玩笑。

✛

提比略皇帝的儿子德鲁苏斯喜欢致命的角斗比赛，以至于他的父亲斥责他说，他喜欢的那种非常锋利的剑已经被称为"德鲁苏斯剑"了。

✛

就像"有了"意味着一名角斗士被击中了一样，"解决了"（practum est）的喊叫意味着致命的一击。

✛

奥古斯都一直热衷于让任何事都是罗马风格，于是坚持，观看比赛的观众都穿托加袍。

✢ 9 ✢

死亡和其他退役选择

声誉？很快就会被人们遗忘。掌声都是虚无缥缈的。

——马可·奥勒留,《沉思录》,第4卷,第3章

✢ ✢ ✢

伤势严重的角斗士通常不会像受伤的动物一样被直接杀掉,但被判剑刑的这种本来也不能活下去的人是例外。但是,假设受了致命伤的角斗士赢得了战斗,或者获得了赦免,那么他就能得到和军团士兵相同规格的缓和治疗,这能给垂死的角斗士向亲人道别的机会,并核查他在葬礼俱乐部的会费是否有漏交。

因此,赛后在医疗馆醒来对于角斗士来说根本不算糟糕的事。首先,他现在能接受帝国最好的医疗服务以帮助他康复;其次,他在竞技场上失去知觉时并没有被凯隆的大锤锤死,说明他至少还有康复的机会;最后,这意味着他不是赢得了比赛,就是表现得足够出色,因此观众投票支持他活下去。在所有这些乐观的理由之上,还可以加上再次战胜了命运的满足感。

粗略地说,一名一般的角斗士在一场战斗中生还的概率是五

分之一。普通的角斗士每年要决斗两到三次，所以他可能在签约的第二年就战死了。因此，一个看起来很矛盾的事实是，角斗士的战斗生涯越长，他的生存机会就越大，这是因为，根本没有所谓的"普通"角斗士，每名角斗士都是与众不同的个体，他的生还机会取决于他的环境、技能，以及最重要的，他的运气。

✝ ✝ ✝

致乌尔比库斯逝去的灵魂，一名第一追击斗士……他活了22年，参加了13场战斗。献给值得尊敬的丈夫，来自他结婚7年的妻子劳瑞卡，以及他留下的五个月大的女儿奥林匹娅，还有她的[奴隶？]福耳图内西斯。牢记这一教训，杀死你战胜的人，愿喜爱他的观众哀悼他逝去的灵魂。

——角斗士墓碑，摘自埃尔曼·德索，《拉丁铭文选集》，

第5115条，米兰

✝ ✝ ✝

真正的"濒危物种"是第一次参加比赛的新手角斗士。他们的存活率在很大程度上取决于战斗的地点和时间，但一般只有不到一半的新手能活过第一年。（尽管正如他们所说的，第一次战斗可能很危险，但最致命的其实是最后一次。）没有人会真正记录所有角斗士的平均存活场次，角斗士墓地的墓碑上记录情况的也是片面的，因为只有活得足够久的角斗士才有钱

乌尔比库斯的墓碑。根据内容我们可以推测，乌尔比库斯在一场角斗中放弃了杀死对手的机会，但对手并没有在后来的比赛中报答他的恩惠。

立墓碑，养得起足够关心他、为他立碑的家人。

✝ ✝ ✝

致马库斯·安托尼乌斯·尼格尔逝去的灵魂，色雷斯[式角斗士]老手，参加了18场战斗，活了38年。弗拉维娅·狄奥吉尼斯自己出资，为她值得尊敬的丈夫立了这座纪念碑。

——角斗士墓碑，摘自埃尔曼·德索，《拉丁铭文选集》，

第 5090 条，罗马

✝ ✝ ✝

在 100 年前，情况要好一些，当时奥古斯都颁布法令，禁止角斗士战斗至死，使用锋利武器的角斗较少。如今，随着人们越来越渴望看到无节制的战斗和流血，角斗士的死亡率也变得越来越高了。以下所有因素都会影响一个角斗士的生存概率：

象征胜利喜悦的甜棕榈叶。在一场胜局后，士麦那的色雷斯式斗士萨托尔尼乌斯看着观众给他的小费堆积如山，难掩得意之色。

出场频率高 一名角斗士战斗的频率越高，他所面临的风险就越大。频繁的角斗会给他造成严重的心理和情绪压力，而且接连出场的次数太多意味着他失去了可能决定生死的基本优势。

出场频率低 一名已经有一段时间没有战斗的角斗士在对阵一名状态良好的对手时，他与参战次数太多的角斗士所面临的风险是一样高的。

受欢迎程度 如果一名角斗士输掉了比赛，那么他的生存概率就会急剧下降——这还是在假设他能活到请求观众怜悯的时候的情况下。他最好的办法是让观众信服，他在战斗中表现得足够好，因此能在未来的比赛中继续为他们提供娱乐消遣。

政府 被判剑刑的罪犯会死在竞技场上，随着他的"使用期限"渐渐临近，他的死亡概率也会渐渐上升。然而，如果拉尼斯塔认为，一名角斗士出于某种原因应该死掉，那这名角斗士就没有生还的机会可争取了。（例如，一个有权有势的男人发现他妻子深夜和某名角斗士幽会，然后买通了拉尼斯塔。）

福尔图娜和涅墨西斯　最后，这两位女士的意见是最重要的。角斗士并非无缘无故地敬畏幸运女神和命运女神。每名角斗士都赌过某次对手的攻击是假动作，侥幸猜测过对手的意图，或者在一次混乱的躲避中挡住了致命的一击。你会合理地在许多角斗士学校和竞技场看到这两位女神的雕像。

✚ ✚ ✚

致来自穆提纳的格劳科逝去的灵魂，他参加过 7 场战斗，死于第 8 场战斗。他活了 23 年零 5 天。奥勒利娅与其他爱他的人为她值得尊敬的丈夫立了这座 [纪念碑]。寻找属于你自己的幸运，不要相信涅墨西斯，因为我就是这样被愚弄的。

——角斗士墓碑，《拉丁铭文合集》，第 5 卷，第 3466 条

福尔图娜女神，后世称她为"幸运女神"。明智的角斗士会经常光顾她的庙宇。

✚ ✚ ✚

大多数角斗士都会早晚死在沙场上。有两种方法可以避免死亡：

- 最简单的方法——尽管这绝对不是一个简单的方法——就是一直战斗，直至合约到期，然后获得"卢狄斯"（rudis），它是一把木剑，昭示着这名角斗士已经完成了合约，可以从竞技场退役了。
- 或者（这由福尔图娜说了算），角斗士可能会负伤严重到无法继续战斗，但伤口并不致命。正是为了避免这种情况，大多数角斗士的盔甲都不保护他们的致命部位。

一名受到重伤但活了下来的角斗士会获得最好的医疗，有希望再次出现在竞技场上。即使是一个稍微跛脚的无名角斗士也可能加入格勒加里乌斯——群体作战的低级角斗士，重返赛场。失

医护人员包扎大腿的伤口。这位伤者比他的儿子更淡然地忍受着治疗。

这幅马赛克装饰画提醒我们，普通角斗士计划用于养老的存款可能瞬间就会转变为殡葬基金。

去战斗能力但有名的角斗士可能会在角斗士学校里找到自己的一席之地，成为一名导师，指导见习角斗士——尤其是如何避免他自己被刺中时所犯的错误。有时也会出现情况特殊的角斗士，例如，一名新手的持剑一侧的肩部受了重伤，但他从观众那得到了足够的小费，或者表现得甚至好到获得了皇帝的奖赏，那么他也许能高价赎回自己的自由。

✝ ✝ ✝

亚细亚提库斯，第一角斗士，在取得53次胜利后被释放……

——《拉丁铭文合集》，第 12 卷，第 5837 条

✝ ✝ ✝

接下来会怎么样?

被角斗士学校释放的角斗士必须做出一些调整。一些退役的老将可能需要花一段时间去适应非制度化的生活。角斗士学校的生活虽然残酷而清苦,但是有保障。角斗士不必担心吃了上顿没下顿,或者房间的取暖问题,以及有没有人为他准备衣服。不过,如果他有很好的规划,那么他会娶妻结婚,可能还会生儿育女,并且对接下来的生活有明确的计划。

立即举行的活动

一名活到退役的角斗士几乎不可能被允许悄无声息地退出角斗士学校的生活。这样的人是年轻的角斗士眼里渴望效仿的偶像。拉尼斯塔会为退役角斗士举行某种仪式,安排他的朋友圈中的一名地位较高的人公开为他授予卢狄斯。这种场合可能会消耗大量的酒水。

+ + +

四兄弟恳求克劳狄乌斯[皇帝]让他们的父亲——一名战车斗士——退役。在公众的热烈掌声中,克劳狄乌斯向这个人授予了传统的木剑。

——苏埃托尼乌斯,《克劳狄乌斯传》,第 21 章

+ + +

等这位退役的角斗士酒醒得差不多了，他就会被建议前往一座庙宇，也许是位于战神广场边上的万神殿，感谢众神让他活了下来。尤其要注意涅墨西斯，因为尽管竞技场的危险已经留在了过去，但在罗马活下去永远都不是一件理所当然的事，所以命运女神需要收到她应得的回报。

在采取了这些明智的预防措施后，这位前角斗士就能享受到知道自己在未来几年能活着的这一新奇的感觉了。

职业选择

角斗士无论退役与否，到死都是一个声名狼藉的因法米斯。尽管他仍有个人的法律保障，但因法米斯的污点限制了他的许多公共权利。他可以自己经商或上法庭，但代表他人从商会被人诟病，代表他人上法庭是被严格禁止的，从政更是天方夜谭。有趣的是，角斗士如果收了钱出战就会成为因法米斯。好比世间的男男女女，只要他们的性服务不收费，那么就不会因偷情而变成因法米斯，角斗士一旦开始贩卖自己的战斗技能，就失去了获得尊重的权利。除了法律上的限制，一名前角斗士的职业选择也受限于他的高度专业化的技能的应用。

✝　✝　✝

贝里琉斯……希腊人，在第 20 场战斗后获释……

——角斗士墓碑，《拉丁铭文合集》，第 12 卷，第 3323 条

✝　✝　✝

保镖　在剑拔弩张的商业谈判中，没什么比有一名公认的杀手站在自己身旁，更能让对方保持冷静理智的了，退役的和休班的角斗士都是这个位置的主要候选人。对于罗马的富人来说，退役的角斗士更适合陪他到国外办事，尤其是穿越土匪横行的国家，或者容易被本地乡下人抢劫的路段的时候。尽管角斗士的整体性格和训练使他们很不适合军旅生活（反正罗马军团也不会接受因法米斯），但是角斗士在无组织的骚乱中确实是很难对付的，我们已经看到至少有一名指挥官利用了他的私人角斗士来整顿不守规矩的军团成员。

然而，正如我们所看到的，在罗马共和国，即使在罗马的广场上也有角斗士保镖的身影。

训练师　正如之前所提到过的，角斗士学校可能会把一名角斗士老手留在学校中，因为他既是年轻角斗士的榜样，又能激励他们。退役人员不仅活生生地证明，角斗士可以活到合同期满的时候，而且有时还可能向其他人传授一些关于如何获得他如今的地位的小建议。他是否会接受学校的工作取决于他有哪些其他选择，以及他与拉尼斯塔的关系。事实上，角斗士也完全有理由成为一个拉尼斯塔，只是拉尼斯塔比角斗士更令人看不起。

自由角斗士　奇怪的是，并非所有的前角斗士都想摆脱竞技场。有时，角斗对参与者的吸引力一点都不比对观众的小。这些曾经享受人群的欢呼的宠儿很难安于默默无闻的现状，也有一些角斗士仅仅是急于再次感受生命危险所能让他们深刻体会到的活着的感觉。此外，角斗士并不擅长理财，即使是那些发过誓再也不会拿起剑的人，有时也会面临破产或通过杀人致富二选一的境地。举办赛会的人如果能安排一位有名的角斗士重返赛场，那么他们就算花了大价钱也可能会认为是值得的，而除了自己的名声和身体一无所有的角斗士，有时是很乐意做这笔交易的。

经商　如果一名角斗士把自己的奖金都攒了起来，并且在每一轮比赛后将从观众手中获得的小费进行了明智的投资，那么他手头上可能会有一点积蓄，能做一笔小生意。在罗马，商业环境有时候很乱，经常会有暴力和恐吓事件，所以角斗士其实是有自己的优势的。如果一个人缺乏商业上的敏锐和人脉，但是他既有经济财产，又有应付暴力事件的能力，那么一个明智的商人也会选择与他合伙。在某些行业，比如经营客栈，一个有名的角斗士所需要做的可能仅仅是坐在那，享受别人买给他的酒水，然后作为回报，给他们讲一两个竞技场上的故事。

然而，除了酒喝多了伤肝，退役的角斗士还必须记住，在变幻无常的罗马公众面前，名声是稍纵即逝的，几年前的竞技场英雄现在从市场走过，可能都不会被人认出来。因此，最好的办法是在自己的名声还在的这几年打好基础，让生意变得能够立足于自身价值。

在未来几年里，没有人会记得，伊利乌斯山坡上生意兴隆的小酒馆的主人如何获得了挂在门上的木剑。他们也不会明白，为什么当竞技场上人群的呐喊声随风飘到山谷时，老人会感伤地微

是维鲁斯从罗马回来了！你在大城市的那几年过得怎么样？

笑着，抚摸他手臂上丑陋的伤疤。只有他才会记得，作为罗马的角斗士，踏上竞技场的沙地，为自己的生命而战是什么感觉。

✝ ✝ ✝

　　致最亲爱的儿子，爱尔基比阿底斯逝去的灵魂……挚爱他的父母建立了这座纪念碑……（A 面）

　　致值得尊敬的妻子，莱莉娅·普罗库拉逝去的灵魂，盖苏斯，海鱼斗士老将，建立了这座纪念碑。（B 面）

　　　　——角斗士墓碑，《拉丁铭文合集》，第 6 卷，第 10176 条

✝ ✝ ✝

角斗笔记

图拉真时期的铭文表明，在达契亚战争后的庆祝胜利的赛会中，一些角斗士曾经在罗马竞技场连续多次上场战斗。

✟

罗马竞技场的最后一次角斗发生在公元 5 世纪 30 年代。

✟

罗马竞技场的斗兽赛直到西罗马帝国灭亡还在举行。

✟

罗马竞技场在 12 世纪是罗马弗朗基帕尼氏族的家族堡垒。

✟

13 世纪，竞技场遭到了强烈地震的破坏。

✟

15 世纪时，罗马竞技场被当地人用作采石场——事实上，与人类活动相比，地震造成的大多数结构性破坏都是微不足道的。

✟

教宗（思道五世）在 16 世纪曾考虑完全拆除这座建筑。

✟

罗马竞技场被保留了下来，人们在 17 世纪相信，有基督徒曾在那里殉道，尽管没有证据。

✟

教皇的耶稣受难日游行的起点在罗马竞技场旁边。

✟

人们从 18 世纪开始尝试系统性地修复这座建筑。

✟

现在，意大利当局为了表明他们对死刑的反对，每当世界上有囚犯被赦免死刑时，竞技场夜间的灯光就会从白色换成金色。

注意：如果你不记住盾牌也是进攻性武器这件事，那你就活不到退役的那天。

致　谢

　　我由衷地感谢为这个项目慷慨地贡献出时间和专业知识的每个人。罗马军事研究协会（Roman Military Rsearch Society）向我提供了关于盔甲和剑术的有用的建议，不列颠尼亚再现小组（the Britannia reenactment group）提供了战士打斗的照片。对我帮助最大的莫过于涅墨西斯角斗士学校（Ludus Nemesis）的角斗士们，尤其是斯维尼娅·格罗瑟（即美杜莎）和她的团队。阿德里安·戈兹沃西阅读了文稿，提供了一些引文的文献来源。英属哥伦比亚大学的图书馆让我用他们的资源查找了剩余的引文来源。最后，感谢（某位要求匿名的）医师，在我询问他如何用一把 18 英寸长的剑捅人、捅什么部位最致命之后没有报警把我抓起来。

扩展阅读

Baker, A., *The Gladiator: The Saves*, Ebury Press, London 2002

Barton, C.A., *The Sorrows of the Ancient Romans: The Gladiator and the Monster*, Princeton University Press, Princeton 1993

Beacham, R.C., *Spectacle: Entertainment of Early Imperial Rome*, Yale, University Press, New Haven, 1999

Carter, M., 'Glariatorial Ranking and the "SC de Pretiis Gladiatorum Minuendis" (CIL 11 6278 = ILS 5163)', *Phoenix*, 57, no. 1/2, 2003, pp 83-14

Coleman, K., 'Fatal charades: Roman executions staged as mythological enactments', *The Journal of Roman Studies*, 88 (1990), 44-73

Futrell, A., *Blood in the Arena: The Spectacle of Roman Power*, University of Texas Press, Austin 1997

Grant, M., *Gladiators*, Delacorte Press, New York 1967

Köhne, E. and Ewigleben, C., eds, *Gladiators and Caesars: The Power of Spectacle in Ancient Rome*, British Museum Press, London and University of California Press, Berkeley 2000

Kyle, D.G., *Spectacles of Death in Ancient Rome*, Routledge, London and New York 1998

Junkelmann, M., *Das Speil mit dem Tod*, Philipp von Zabern, Mainz 2000

Matthews, R., *Age of the Gladiators: Savagery and Spectacle in Ancient Rome*, Arcturus, London 2003

Matyszak, P., *Ancient Rome on Five Denarii a Day*, Thames & Hudson, London and New York 2007

Meijer, F., *The Gladiators: History's Most Deadly Sport*, Thomas Dunne Books, New York and Souvenir, London 2005

Nosov, K., *Gladiator: Rome's Bloody Spectacle*, Osprey, Oxford and New Yorks 2009

Poliakoff, M.B., *Combat Sports in the Ancient World: Competition, Violence and Culture*, Yale University Press, New Haven 1987

Shadrake, S., *The World of the Gladiator*, Tempus, Stroud 2005

Wiedemann, T., *Emperors and Gladiator*, Routledge, London 1992

Wisdom, S. and McBride, A., *Gladiator 100 BC – AD 200*, Osprey, Oxford 2001

引文来源

书中的引文出处在正文中都有标明，除了以下：

第33页：

"德西穆斯·尤尼乌斯·布鲁图斯首次为人们带来了角斗表演……"

——李维，《罗马史》，第16卷，第6章

第38页：

"为罗马奋战、牺牲"的许多士兵们，最后也"只剩下意大利的空气和阳光还属于他们自己了"。

——普鲁塔克，《提比略·格拉古传》，第9章

第85页：

"他们一直训练，直到筋疲力尽地倒下……"

——盖伦，《关于人文研究的劝勉》，第4章

第124页：

"他拥有更精良的远程攻击部队……"

——阿庇安，《内战史》，第5卷，第33章

第 126—127 页：

"他每次出现在公众面前时，他的角斗士们都全副武装……"

　　　　　——西塞罗，《给昆图斯的信》，第 2 篇，第 4 节

第 129 页：

"老秃子（克拉苏）只让一名奴隶……"

　　　　　——西塞罗，《给阿提库斯的信》，第 1 篇，第 16 节

第 132 页：

"很多人称他为角斗士的儿子。我不想对此撒谎……"

　　　　　——塔西佗，《编年史》，第 11 卷，第 21 章

出版后记

罗马竞技场经历了 2000 年的风雨，现在已经残破废弃，但它依然巍峨伫立在原地，接受一代又一代人的注视，令后世的我们在被震撼的同时陷入无尽的遐想。作者菲利普·马蒂塞克不但为我们还原了罗马帝国竞技场上角斗表演的盛况，还向我们展现了角斗士的生活。除了他们如何在成千上万观众的瞩目下拼死搏杀，角斗士们是什么人？他们的衣食住行是什么样？赛场之下他们都做些什么？以及如果侥幸从赛场上活了下来会何去何从？这些问题的答案都能在本书中找到。让我们跟随作者充满黑色幽默的讲解，走近角斗士。

服务热线：133-6631-2326　188-1142-1266

服务信箱：reader@hinabook.com

后浪出版公司

2021 年 6 月

图书在版编目（CIP）数据

角斗士 /（英）菲利普·马蒂塞克著；黄宁译. —广
州：广东旅游出版社，2021.12（2023.6 重印）
　　书名原文：Gladiator:The Roman Fighter's (Unoffici-
al) Manual
　　ISBN 978-7-5570-2596-0

　　Ⅰ. ①角… Ⅱ. ①菲… ②黄… Ⅲ. ①古罗马—历
史—通俗读物 Ⅳ. ① K126-49

中国版本图书馆 CIP 数据核字 (2021) 第 182942 号

Gladiator: The Roman Fighter's (Unofficial) Manual
Published by arrangement with Thames and Hudson Ltd, London
Copyright © 2011 Thames & Hudson Ltd, London
This edition first published in China in 2021 by Ginkgo (Beijing) Book Co., Ltd Beijing
Chinese edition © 2021 Ginkgo (Beijing) Book Co.,Ltd

本书简体中文版权归属于银杏树下（北京）图书有限责任公司。
图字：19-2021-235 号
审图号：GS（2021）4562 号

出版人：刘志松　　　　　　　选题策划：后浪出版公司
著　者：[英]菲利普·马蒂塞克　译　者：黄　宁
出版统筹：吴兴元　　　　　　　责任编辑：方银萍
编辑统筹：方　宇　张　鹏　　　特约编辑：刘佳玥
责任校对：李瑞苑　　　　　　　责任技编：冼志良
装帧设计：墨白空间·李国圣　　　营销推广：ONEBOOK

角斗士
JUEDOUSHI

广东旅游出版社出版发行
（广州市荔湾区沙面北街 71 号）
邮编：510130
印刷：天津雅图印刷有限公司　　　开本：787 毫米 ×1092 毫米　32 开
字数：142 千字　　　　　　　　　印张：7.25
版次：2021 年 12 月第 1 版　　　　印次：2023 年 6 月第 2 次印刷
定价：55.00 元

后浪出版咨询（北京）有限责任公司　版权所有，侵权必究
投诉信箱：copyright@hinabook.com　fawu@hinabook.com
未经许可，不得以任何方式复制或者抄袭本书部分或全部内容
本书若有印、装质量问题，请与本公司联系调换，电话 010-64072833

后浪微信｜hinabook

筹划出版｜银杏树下

出版统筹｜吴兴元　**编辑统筹**｜方　宇　张　鹏

责任编辑｜方银萍　**特约编辑**｜刘佳玥

装帧制造｜墨白空间·李国圣｜mobai@hinabook.com

后浪微博｜@后浪图书

读者服务｜reader@hinabook.com 188-1142-1266

投稿服务｜onebook@hinabook.com 133-6631-2326

直销服务｜buy@hinabook.com 133-6657-3072

后浪出版咨询(北京)有限责任公司
POST WAVE PUBLISHING CONSULTING (BEIJING) CO.,LTD